임동석중국사상100

채근담

菜根譚

洪自誠 撰 / 林東錫 譯註

象犀珠玉恠珍之物有悦於人之耳目而不適於用金石草木絲麻五穀六材有適於用而用之則弊取之則竭悦於人之耳目而適於用用之而不弊取之而不竭賢不肖之所得各因其才仁智之所見各隨其分而求無不獲者惟書乎

丁亥菊秋錄東坡李氏山房藏書記 丘堂 呂元九

　　"상아, 물소 뿔, 진주, 옥. 진괴한 이런 물건들은 사람의 이목은 즐겁게 하지만 쓰임에는 적절하지 않다. 그런가 하면 금석이나 초목, 실, 삼베, 오곡, 육재는 쓰임에는 적절하나 이를 사용하면 닳아지고 취하면 고갈된다. 그렇다면 사람의 이목을 즐겁게 하면서 이를 사용하기에도 적절하며, 써도 닳지 아니하고 취하여도 고갈되지 않고, 똑똑한 자나 불초한 자라도 그를 통해 얻는 바가 각기 그 자신의 재능에 따라주고, 어진 사람이나 지혜로운 사람이나 그를 통해 보는 바가 각기 그 자신의 분수에 따라주되 무엇이든지 구하여 얻지 못할 것이 없는 것은 오직 책뿐이로다!"

《소동파전집》(34) 〈이씨산방장서기〉에서 구당(丘堂) 여원구(呂元九) 선생의 글씨

책 머리에

세상에 "마음을 달래는 글"로써 이 《채근담》만한 것이 있을까? 또한 오늘 같은 세태에 "고통을 덜어주는 글"로써 이 《채근담》만한 것이 있을까 생각한다.

그의 말대로 세상은 엄청난 고통의 고해苦海도 아니요, 그렇다고 모든 즐거움을 다 누릴 수 있는 낙원樂園도 아니다. 그런가 하면 세상은 아름다운 것은 무엇이든지 있는 낙원이요, 정말 괴롭고 힘들게 물에 빠져 허덕이고 있는 고해이기도 하다. 그러니 유위有爲도 없고 무위無爲도 없으며, 호오好惡나 미추美醜, 귀천貴賤, 빈부貧富의 경계도 없고 심지어 생사生死의 구분도 없는 것이라 한다. 내 마음에 넘나드는 모든 것은 환幻이지 진眞이 아니요, 세상의 진은 환이며 환은 곧 진이기도 하단다.

그렇다고 이론이 괴벽스러운 것도 아니다. 구절마다 모두가 논리에 어긋남이 없다. 그렇다고 역설적으로 궤변을 편 것도 아니다. 예화마다 사실에 조금도 벗어남이 없다.

청정하게 살아라. 담백하게 살아라.

세상 누군들, 이 속세의 명예와 부귀라는 집착의 옷을 훌훌 벗어버리고, 저 산 속으로 들어가 신선이 되고 싶어하지 않는 자가 있겠으며, 인간 관계의 구속이라는 족쇄를 시원히 털어버리고 저 숲속으로 숨어들어 도인이 되고 싶어해 보지 않은 자가 있으랴?

그런데 용기를 내어 이를 실행한 사람도 있지만 이 못난 속인은 그렇지도 못하다. 그러나 어찌 도인이 되고자 꼭 산으로 가야 하며 선인이 되고자 숲으로 가야 하랴? 내 마음이 작은 우주요 내 몸이 작은 자연이니, 화분의

난초 한 꽃가지가 신선이며 벽에 걸린 그림 한 장이 도인이로다.

이제껏 소유所有의 개념을 행복인 줄로 연연하다가 이제 향유享有의 개념을 행복으로 규정하겠다고 다짐해본다. 소유는 구속이요 향유가 자유임을 반평생 넘어 조금 깨달았으니, 그래도 범인으로 이 육신을 짊어지고 살아온 나로서는 참으로 다행이라는 생각까지 든다.

어머니는 도인이었다. 내가 어렸을 때 어떤 일에 연연하여 탐심을 버리지 못하면 언제나 "니 복이 가젠걸"이라고 하였다. 복이 그것으로 한계라는 뜻이다. 나는 이 말을 지금 와서야 그 깊은 뜻을 알게 되었다.

그렇다. 안 되는 일이 있다. 정말 꼭 그렇게 될 것 같고 되어야만 하는데 야속하게도 이루어지지 않는 것이 있다. 그 일은 적어도 나에게는 "복이 갓"인 것이다.

내가 이 《채근담》을 만나지 않았더라면 나는 인생을 반쪽만 보고 살았을 것이라 여긴다. '무슨 큰 발견이나 감동을 받았기에 감히 이런 표현을 할 수 있는가'라고 의아해하겠지만, 그저 성실히, 열심히, 적극적으로 살면 그것이 천하제일의 가치인 줄로 알아온 나에게 적어도 그보다 더 적극적으로 사는 방법이 있음을 바로 이 책을 통하여 확신하였기 때문이다.

더불어 살고, 열심히 뛰고, 움직이고 업적을 내놓으며, 결과물을 창출하여 이름을 날리고, 세상에 칭찬받을 수 있도록 부지런히 일하는 것이 적극적이라 여겼다. 나아가 각고의 노력으로 성취를 이루며 남이 하지 못하는 일도 덤벼들어 개척하며, 소유를 위해 일한 만큼 소득을 요구하며, 선악에 대하여 변별을 담당하며, 어떤 일도 포기하지 않으며, 가진 만큼 행복을 누리는 것이 세상 태어나 잘살고 성공하는 것으로 보았다. 그리고 게으르며, 나서지 못하며, 안주하고 진취적이지 못하며, 내 몫을 챙길 줄도 모르고 창조도 업적도 없이 그저 주어진 삶을 영위하는 자체에 불만도 내세우지 못한 채 우유부단하여 중간만 지킨 것으로 다행을 삼는 것을 '소극적'이라 여겼다. 자세히 보면 적극적이라 함은 소위 음양陰陽의 '양陽의 방향'으로 향한 것만이 그것인 줄을 착각했음이 이제껏 삶이었다. 음양의 '음의 방향'으로 내닫는 것도 적극적인 것인 줄을 몰랐던 것이다. 소유를 거부하며 성취가 없음을 즐기며, 나서기를 싫어하며 명예도 부귀도 자신 있게 버릴 수 있는 과감한 행복감, 그리고 만물의 존재 자체를 아름답게 보며 세상에 아름다운 것을 찾느라 추하고 더러운 것은 거들떠볼 겨를조차 없도록 내 환경을 만드는 것도 얼마나 적극적인가? 이로 인해 세상이 모두 내 것이니 만물에 그 무엇이 나를 소유와 무소유의 사이에 처하게 하여 괴롭힐 것이며, 살아가는 동안 세월이 모두 내 것이니 세상 그 무슨 만남이 우遇, 불우不遇라고 나를 슬프게 하겠는가? 사는 동안 가진 것 없음이 도리어 자유롭다고 여기며 속세를 벗어나 최소한의 삶을 사는 산인山人도 보았고, 아예 그런 생각 자체를 표현하고 드러내는 것조차 욕심과 명예를 추구하는 나쁜 일로 여겨 묵언黙言으로 사는 도인도 보았다. 그런가 하면 "은둔한 놈이 문패는 왜 다노?"라며 나에게 귀띔해주는 고향 친구도 있다.

중국 명대明代의 잠언과 명구를 모은 책으로 크게 두 종류가 있다. 바로 범립본范立本의 《명심보감》과 이 홍자성洪自誠(洪應明)의 《채근담》이다. 그런데 이 두 책은 유사점과 차이점이 확연하게 대비를 이루는 묘한 책이다.

둘 모두 유명한 학자나 이름 높은 성인이 쓴 것도 아니어서 편자나 작자가 거의 알려져 있지 않지만 촌철살인의 단구, 명언을 모은 면에서는 같다.

게다가 우리나라에 널리 알려져 일상생활에 인용되고, 더러는 한문교재로 읽히는 면에서도 같다. 문체도 고문과 백화어가 함께 쓰여 생소한 문구가 보이는 것도 같으며, 판본의 전래 과정이 희미하고 통속적인 내용으로 치부되어 중국에서는 제대로 평가를 받지 못한 채 일본과 우리나라에서 환영을 받아 끊임없이 출판되고 읽히는 면에서도 같다.

그러나 둘 사이는 뚜렷한 차이점도 있다. 《명심보감》이 교양서敎養書라면 《채근담》은 수양서修養書이다. 《명심보감》이 유가적儒家的 내용을 위주로 하여 '세상에 공을 세우며 인간 도리를 다하라'고 '양陽의 적극성'을 기치로 내세우고 있다면, 《채근담》은 도가적道家的 종지를 내세워 '세상을 소유하지 말고 향유하며 인간 본연의 환幻과 진眞을 구분해 행복을 누려보라'는 '음陰의 적극성'을 담고 있다. 그리고 《명심보감》이 '함께 사는 법'을 가르치고 있다면 《채근담》은 '홀로 사는 법'을 일러주고 있다. 그 때문에 《명심보감》은 옛 성인과 선현들의 경전經典 문장과 세상 이치를 담은 속담과 격언을 중심으로 함께 사는 사회의 일원으로서의 의무를 다해야 한다고 '이미 있는 남의 말'을 모았고, 《채근담》은 자신이 터득한 우주론宇宙論과 수양론修養論, 본체론本體論, 자연론自然論을 대구對句와 대련對聯으로 토해 내어 '자신만의 말'을 남겼던 것이다.

홀로 산다는 것은 참으로 적극적이며 개인적인 것이다. 그것은 여럿이 살기보다 더 큰 눈과 더 높은 생각이 아니면 불가능하다. 결국 경지에 들지 않고서는 도리어 사치요 꾀요 위선일 수도 있기 때문이다. 《채근담》에 동원된 어휘들, 이를테면 "염담恬澹, 환업幻業, 적연寂然, 원융圓融, 고취苦趣, 일취逸趣, 담박澹泊, 소광疏狂, 한일閒逸, 청산青山, 녹수綠水, 천석泉石, 여장藜杖,

어초漁樵, 소금素琴, 무현無弦, 횡월橫月, 송운松韻, 진성眞性, 부낭浮囊, 월창月窓, 작조雀躁, 귀조歸鳥, 부운유로浮雲有路, 권운서하卷雲舒霞, 물아양망物我兩忘" 등 헤아릴 수 없는 표현들은, 모두가 촌로, 고행자, 수도자, 득도자임을 스스로 자처하지 않고서는 도리어 외면하고 싶은 것들이면서도, 또한 이 시대의 세속 경쟁 속에 환상처럼 꿈꾸던 전원과 산수, 은둔과 피세, 달관과 관조의 상황에나 쓰는 아주 소담한 언어들이다.

나는 아주 옛날 어린 시절 《마음의 샘터》(1964)라는 제목의 작은 책을 읽었으며 나중에 그것이 《채근담》인 것을 알았다. 그리고 많은 기왕의 우리 번역본(만해, 조지훈, 김구용, 박일봉, 노태준 등)으로 만족해 왔다. 그런데 중국의 원본을 구해 보고는 내 천학한 둔재이지만 나도 이에 손을 대어보아야 겠다고 내심 욕심을 부리게 되었다. 이유는 《채근담》이 두 종류가 전하며 편저자도 하나는 홍자성洪自誠으로, 하나는 홍응명洪應明으로 달랐고, 첫 장도 하나는 내가 외우려고 애썼던 「서수도덕자棲守道德者는 적막일시 寂寞一時……」로 시작되었는데 중국 판본은 「욕주정금미옥적인품欲做精金美 玉的人品, 정종열화중단래定從烈火中煆來」의 단아한 글씨체로 시작되는 것을 발견했기 때문이다. 게다가 국내본은 대체로 홍자성洪自誠이라는 이름으로 널리 알려진 〈명각본明刻本〉이었으며 다른 판본은 제대로 원문도 볼 수 없었다. 이에 두 종류를 모두 모아 하나의 완정본完整本으로 정리하고 싶은 욕망에 밤잠을 설치며 자료를 모으고 도서관과 인터넷을 뒤지며, 대만과 중국에 있는 제자들에게 있는 대로 구입하거나 복사하여 보낼 것을 채근 하였다. 그러나 막상 덤벼보니 문장 주석이야 큰 무리가 없었으나 판본의 전래와 홍씨洪氏 두 이름의 관계도 희미하여 명확하게 정리된 것이 없어난감하기 그지없었다. 더구나 《채근담》 내용대로 있는 '그대로 나 홀로 즐기며 감동받으면 됐지, 무슨 명예와 욕구, 세속적인 업적을 낳겠다고 욕망의 화로처럼 구는가' 하고 다시 주춤하였다.

　그러나 "일은 옛것을 존속시킴보다 큰 것이 없고, 학문은 의심나는 것을 그대로 비워둠보다 우선하는 것이 없다事莫大於存古, 學莫先於闕疑."라는 존고궐의存古闕疑의 대원칙을 믿고 "법고창신法古創新"은 접어 둔 채, 있는 그대로 '여럿이' 맛볼 수 있는 자료라도 제공하는 것이 내 배운 임무이려니 하고 마칠 수 있었다. 그리고 문장도 대구, 대련에 맞추어 시각적으로 원문이 드러나도록 꾸며보았다.

　이 책이, 복잡하고 힘든 세상, 상처받고 짓눌렸다고 생각하는 사람이 잠시 동안이라도 상상으로나마 시골 한적한 골짜기 모옥茅屋 봉당에서, 얼마 떨어지지 않은 마당가 느릅나무 아래에서, 권운서하卷雲舒霞를 바라보며 송천松泉의 샘물로 끓인 '염담恬澹'과 '물아양망物我兩忘'이라는 이름의 차맛이 되었으면 한다.

苗浦 林東錫이 醉碧軒에서 쓰다.

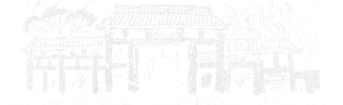

일러두기

1. 본 책 《채근담》 완정본은 전체를 우선 건乾·곤坤으로 나누었다. 건乾은 홍자성洪自誠 찬撰으로 되어 있는 〈명각본明刻本〉(續修四庫全書, 子部 雜家類) 전체 362장(전집 222장, 후집 140장)을 완역한 것이다.

   다음으로 곤坤은 홍응명洪應明 저著로 되어 있는 〈보광사본寶光寺本〉(袁庭棟 校注)을 근거로 권상卷上, 권하卷下와 〈주광후周光煦 서문본序文本〉(1947)의 속유편續遺篇 중에 앞서 〈명각본〉과 전혀 다른 권상卷上(총 182장) 전체를 완역하였다. 한편 권하卷下와 속유편續遺篇은 〈명각본〉과 순서, 문자가 다를 뿐 겹치는 문장이므로 일련번호와 대조번호를 부여하여 실은 것이다.

2. 지금 《채근담》은 두 종류가 전해오고 있다. 즉 「홍자성洪自誠」찬撰으로 표기된 것이 있으니 바로 〈명각본明刻本〉이다. 그리고 「홍응명洪應明」저著로 표기된 것으로는 〈보광사본寶光寺本〉과 〈건륭본乾隆本〉, 〈광서본光緒本〉(重刊本) 등이 있다. 이 두 책은 내용과 순서, 편제가 서로 다르다. 그러면서 다시 「주광후周光煦」의 서문序文이 있는 판본은 뒤에 따로 〈속유편續遺篇〉이라 하여 153장이 실려 있으며, 이는 〈명각본〉의 일부 구절들을 근거로 〈건乾·광본光本〉에 빠진 것을 주광후가 모은 것이다.

3. 이를 자세히 대조해보면 홍자성洪自誠 〈명각본明刻本〉(續修四庫全書)이 정본正本인 듯하며, 〈보광사寶光寺〉본의 권상卷上 부분(총 182장)은 〈명각본明刻本〉에 전혀 없고, 권하卷下 총 201장과 〈속유본續遺本〉(총 153장)은 모두가 순서만 다를 뿐 〈명각본明刻本〉에도 들어 있다.

4. 이에 이 책은 〈속수사고전서續修四庫全書〉(子部 雜家類) 《채근담菜根譚》(還初道人 洪自誠 著, 覺迷居士 汪乾 初校. 원래 上海圖書館 所藏의 明刻本을 影印하여 실은 것임)를 근거로 전체를 교감하고 역주하여 '건乾'으로 삼았다.

5. 다시 〈보광사寶光寺〉본 《채근담菜根譚》(洪應明 저)의 권상卷上(총 182장)은 〈명각본〉에 전혀 없는 것으로 이를 모두 역주하여 실었으며, 권하卷下와 〈속유본續遺本〉은 〈명각본明刻本〉과 겹쳐 이를 해당 번호를 부여, 대조할 수 있도록 하여 '곤坤'으로 삼았다.

6. 〈건륭본乾隆本〉과 〈광서본光緖本〉은 〈보광사본寶光寺本〉과 비교하면 순서와 차례가 같으나 문자의 출입이 있고 분장分章도 약간의 차이가 있으며, 〈보광사본〉은 권상卷上, 권하卷下로 나누고, 다시 수성修省, 응수應酬, 평의評議, 한적閑適(卷上), 개론概論(卷下)으로 중간 제목이 있으나 〈건乾・광본光本〉은 중간 제목은 같으나 상하 구분 없이 연결되어 있다.

7. 〈건乾・광본光本〉은 순서와 내용, 문장은 같으나 문자와 분장이 다르며 〈속유편續遺篇〉의 문장은 전혀 없다.

8. 부록에는 《채근담》에 대한 자세한 해제와 각 판본의 서문・식어識語・제사題辭 등을 원문으로 실어 이 방면의 연구자에게 도움이 되도록 하였다.

9. 기왕의 한국 번역본 중에 특히 〈만해본〉(韓龍雲, 1917년간)과 그 밖의 해석본들도 있는 대로 모아 일일이 참고하였으며 차이점이 있을 경우 그에 대해 언급하였다.

10. 체제는 총 일련번호를 싣고 괄호 안에 해당 편명의 번호를 다시 부여하였다. 그리고 역문 아래 [ ]에는 겹치는 문장의 총 일련번호를 넣어 이를 찾아 비교할 수 있게 하였으며, 〈보광사본〉 권하卷下와 속유편續遺篇의 원문 다음의 [ ] 속 번호는 앞서 출현한 같은 문장의 일련번호를 넣은 것이다.

11. 문장은 직역 위주로 하되 일부 뜻의 전달을 위하여 의역을 가미하였으며 해의解義나 평역評譯은 더하지 않았다.
12. 관련 전고典故나 고사故事는 가능한 한 찾아 각주에 밝혀 근거를 마련 하였으며, 특히 이번 수정판은 《증광석시현문增廣昔時賢文》 등에 전재되어 있는 구절도 일일이 밝혀 실었다.
13. 본 수정본 《채근담》은 최근 중국의 역주본을 충실히 구하여 대조·교감 하였다.
14. 본 책의 역주에 참고한 문헌은 대략 다음과 같다.

❊ 참고문헌

1. 《菜根譚》續修四庫全書(1133). 上海圖書館藏 明刻本影印. 上海古籍出版社. 1995. 上海.
2. 《菜根談(菜根譚)》袁庭棟(校注) 巴蜀書社 1989. 四川 成都.
3. 《文白菜根譚大系》李東亮 等編選, 北京燕京出版社 1998. 北京.
4. 《菜根譚》前集(花魁從良·妓女悲傷·丁香割肉): 傅斯年圖書館 珍藏繕本: 臺灣 中央硏究院.
5. 《菜根譚》(印本) 明, 洪應明(洪自誠)(著). 臺灣 廣文書局 民國 72(1983).
6. 《仙佛奇蹤》(印本) 明, 洪應明(洪自誠)(著). 臺灣 廣文書局 民國 72(1983).
7. 《菜根譚》(印本) 明, 洪應明(洪自誠)(著). 臺灣 新文豐出版社 民國 82(1993).
8. 《淸言》(印本) 屠隆(著) 臺灣 新文豐出版社 民國 82(1993).
9. 《菜根譚》(中英對照) 明, 洪應明(洪自誠)(著). 金莉華(譯) 臺灣 成文出版社 民國 68(1979).

10. 《菜根譚》明, 洪應明(洪自誠)(著) 臺灣 黎明文化社 民國 85(1996). (白子全書 38).

11. 《菜根談》明, 洪應明(著). 木子(譯注) 學林出版社 2002. 上海.

12. 《菜根談》明, 洪自誠(著). 府南山(注評) 江蘇古籍出版社 2002. 南京.

13. 《菜根譚》明, 洪應明(洪自誠)(著). 上海 上海書店 1994. 上海.

14. 《菜根譚》明, 洪自誠(洪應明)(著). 長沙 岳麓書社 1991. 湖南 長沙.

15. 《菜根譚全編》洪應明(著) 李偉(編注) 岳麓書社 2006. 湖南 長沙 .

16. 《菜根譚》明, 洪應明(著) 陳國慶(主編) 安徽人民出版社 2005. 安徽 合肥.

17. 《菜根譚》馬鳳華·何芳(評譯) 吉林人民出版社 2006. 吉林 長春.

18. 新譯《菜根譚》吳家駒(注譯) 三民書局 2007. 臺灣 臺北.

19. 《菜根譚》明, 石竹(撰) 香巷 興寧先賢叢書校印處 民國 48(1959).

20. 《菜根譚》(精選講義) 韓龍雲 新文館 大正 6년(1917). 서울.

21. 東洋金言《마음의 샘터》洪自誠 著 平和出版社 1964. 서울.

22. 《菜根譚》金丘庸(譯), 正音社 年度 未記載 서울.

23. 《菜根譚》趙芝薰(譯解), 玄岩社 1973. 서울.

24. 《菜根譚》盧台俊(譯解), 弘新文化社 1974. 서울.

25. 《菜根譚》朴一峰(譯), 育文社 1974. 서울.

26. 《菜根譚》成元慶(譯註), 三中堂 1975. 서울.

27. 《菜根譚》明, 洪應明(著) 今井宇三郎(譯註) 東京 岩波書店, 1982.

28. 《增廣賢文》郭俊峰, 張非洲 (譯評) 吉林文史出版社 2002. 長春.
기타 방증 자료는 생략함.

본 책에 쓰인 약어略語는 다음과 같다.

① 〈명각본明刻本〉: 홍자성洪自誠, 속수사고전서續修四庫全書本. 〈명전明前〉
   →명각본明刻本 전집前集. 〈명후明後〉→명각본明刻本 후집後集

② 〈보광사본寶光寺本〉: 홍응명洪應明, 보광사본寶光寺本(袁庭棟 校注) 〈보상
   寶上〉→보광사본寶光寺本 권상卷上. 〈보하寶下〉→보광사본寶光寺本 권하卷下

③ 〈속유편續遺篇〉: 주광후周光煦 서문본序文本(1947)으로 〈건광본乾光本〉에
   없고 명각본에만 있는 것을 모은 것이다.

④ 〈건륭본乾隆本〉: 건륭乾隆 59년(1794) 환초도인還初道人 지어識語가 있는
   것으로 대만臺灣 광문서국廣文書局에서 영인影印 출간(1983)한 것으로
   〈희영헌총서喜咏軒叢書〉 무집戊集과 같다.

⑤ 〈광서본光緖本〉: 표지에 광서光緖 원년元年(1875) 제題가 있는 중간본
   重刊本으로 대만臺灣 신문풍출판사新文豐出版社에서 영인影印 출간(1993)
   한 것이다.

⑥ 기타 현대 중국 〈백화통속본白話通俗本〉: 강소고적출판사江蘇古籍出版社
   (府南山 譯評, 2002), 학림출판사學林出版社(木子 譯註, 2002) 등이 있다.

해제

I. 《菜根譚》書名

'菜'는 글자 그대로 '나물·채소'이며 '根'은 뿌리이다. 따라서 '菜根'은 채소나 나물의 뿌리를 뜻하며, 맛도 없고 써서 먹기에 힘든 식품임을 상징한다. 이는 宋나라 때 汪革(汪信民)이라는 성리학자가 말한 어록에서 명명된 것이다.

"사람이 늘 나물 뿌리를 씹어 먹을 수 있다면 세상 무슨 일이라도 할 수 있으리라."(人常咬得菜根, 則百事可做)

즉 南宋 呂本中의 《東萊呂紫微師友雜志》에 「汪信民嘗言: "人常咬得菜根, 則百事可做."」라 하였고, 朱熹의 《小學》(外篇) 善行篇에도 「汪信民嘗言: "人常咬得菜根, 則百事可做." 胡康侯聞之, 擊節嘆賞. 集說: 陳氏曰: 信民, 名革, 臨川人. 康侯, 文定公字也. 人能甘淡泊, 而不以外物動心, 則可以有爲矣. 擊節, 一說, 擊手指節; 一說, 擊器物爲節, 皆通. 嘆, 嗟嘆賞, 稱賞. 朱子曰: "學者, 須常以志士不忘在溝壑爲念, 則道義重而計較死生之心輕矣. 況衣食外物, 至微末事, 不得未必便死, 亦何用義犯犯分投心投志, 營營以求之耶! 某觀今人, 因不能咬菜根, 而至於違其心者, 衆矣. 可不戒哉!"」라 하였다. 그리고 《明心寶鑑》 安分篇에도 역시 「汪信民嘗言: "人常咬得菜根, 則百事可做."」라 하였으며, 《增廣賢文》(641)에 「咬得菜根香, 尋出孔顏樂.」라 하여 비교적 널리 알려진 명언이다.

그런데 많은 사람들은 이를 두고 어려운 일을 겪어내면 그 어떤 일도 이겨낼 수 있다는 뜻으로 보았다. 즉 단련과 감내는 고통에서 나온다는 것이다.

그러나 한편 소박한 삶을 인정하고 그러한 환경이 자신의 것이라 여긴다면 세상 온갖 일도 당연히 그러함을 인정하고 고개 끄덕일 수 있는 간주법看做法으로도 볼 수 있다. 즉 "사람이 씹는 것이 나물 뿌리라면 온갖 일도 다 그렇다고 간주할 수 있으리라"라고 해석할 수도 있다.

이 汪革은 字가 信民이며 淸溪先生으로 불리던 宋代 성리학자였다. 撫州 臨川 사람으로 呂希哲의 문인이었다. 哲宗 때 과거에 급제하여 長沙, 宿州, 楚州 등의 敎官을 역임하였으며 아깝게도 40에 죽고 말았다. 그는 《淸溪類稿》,《論語直解》 등을 남겼으며,《新安文獻志》권77에 그의 사적이 실려 있다. 그가 말한 菜根說은 당시 명언으로 알려졌으며, 이것이 앞서 밝힌 대로 南宋 朱熹의 《小學》에 채록되었다. 주자는 《소학》의 外篇 善行章 마지막 구절에 이를 인용하여 "汪信民嘗言:'人常咬得菜根, 則百事可做.' 胡康侯聞之, 擊節嘆賞."이라 하였다. 여기서 胡康侯는 유명한 성리학자 胡安國을 가리킨다. 그리고 注에 "학자가 모름지기 항상 志士란 구렁텅이에 屍身이 내던져질 수도 있음을 잊지 않는다는 사실을 자신의 뜻으로 삼는다면, 道義는 중히 여기고 生死를 따지는 일은 가볍게 여기게 될 것이다. 하물며 衣食이나 外物 따위는 지극히 미미한 것이며 그런 것이 없다고 당장 죽는 것도 아니니 그런 것을 얻지 못하였다고 義를 해치거나 마음과 뜻을 급급하게 서두르겠는가?"라고 하였다.

이로 보면 주자는 '채근'의 뜻을 학자가 의를 실천하기 위하여 먹는 것 따위를 가볍게 보아야 한다는 "의를 실천하기 위한 훈련"으로 본 것이다. 그러나 明代 犯立本은 《明心寶鑑》에 이를 安分篇에 실음으로써 '安分의 개념'

으로 보았다. 이는 오히려 홍씨의 《菜根譚》原義와 맞는 듯하다. 그러나 한편 현존 《채근담》 여러 판본의 序文, 識語, 題辭 등을 보면 이 책의 편찬의도를 "德治善政"으로 인식한 예가 주를 이룬다. 이를테면 儲金棟의 서문(부록을 볼 것)에 羅景倫의 말을 인용하여 "백성들은 하루라도 나물뿌리를 먹어 얼굴에 주린 기색이 나타나도록 해서는 안 된다. 그러나 위정자는 하루라도 이 채근의 맛을 잊어서는 안 된다. 만약 첫 부임하는 하급 관리로부터 공경대부에 이르기까지 모두가 채근을 씹어 먹을 수 있는 사람이라면 의당 그 직분을 아는 자일 것이다. 그렇다면 백성이 어찌 먹을 것이 없어 근심하는 경우가 있겠는가?"라 하였다. 그런가 하면 원래 문장도 "歠得菜根, 萬事可爲"(劉名譽 序文. 부록 참조)라 하여 '百事'를 '萬事'로 확대하기도 하였다.

그러나 《채근담》 전체를 읽어보면 집단 사회의 정치나 인간관계, 도의의 실천, 예절의 회복 등 儒家的 當爲의 질서를 주장하고 있다기보다, 오히려 嗜慾을 줄이고 자연에 合一하여 만물에 동화하는 개인적 수양과 萬物一齊 등 道家的 無爲, 즉 物我兩忘 등에 더 무게를 두고 있음을 발견하게 된다. 그렇다면 홍씨가 자신의 글을 菜根에 연결시켜 命名한 것은 道·釋의 철학에 연관시킨 것이 아닌가 한다. 그리고 이 菜根의 영향으로 淸代 夏力恕는 자신의 書室을 '菜根精舍'라 하였고, 같은 시대 王佑命 역시 堂號를 '菜根齋'라 하였으니 그 취향을 알 수 있다.

한편 《채근담》의 책 체제는 短句 格言 모음이다. 이러한 체제의 명언집은 실제 오랜 역사를 가지고 있다. 이를테면 先秦 시대의 《老子》道德經는 바로 이러한 형식의 원조격이며, 漢代 揚雄의 《法言》, 그 후 《兎園策》, 《三字經》,

《千字文》등 蒙學書가 뒤를 이었다. 明代에는 이 《채근담》에 필적할 만한 것으로 바로 《명심보감》이 있었으며, 청대에 이르러는 《賢文》類의 《昔時賢文》,《增廣賢文》,《重訂增廣》 등이 있어, 지금 중국에서 크게 유행하고 있기도 하다.(郭俊峰 외 《增廣賢文》 2001, 吉林文史出版社 참조)

그런가 하면 이 《채근담》은 일본에서는 30년대에 크게 유행한 뒤, 다시 80년대에는 《孫子兵法》,《三國志演義》와 함께 三大熱風을 일으켜, 기업계에서 「기업경영전략서 제1호」로 각광을 받기도 하였다. 그리하여 "기업경영 관리를 논한 서적이 수천만 권이지만 근본 도리로 보면 거의 《채근담》을 넘어서지 못한다", "《채근담》의 구절은 기업에서 사원 채용의 준승準繩이다", "《채근담》은 상품 매출의 최고 참모이다"라고 극찬하는 주장을 펴기도 하였다. 이는 일본인이 이 책을 수양서에서 더 나아가 상품구매 심리학으로 재평가한 고도의 안목과 전략이라 할 수 있다. 이에 비해 우리는 원본의 정확한 대조나 교감, 그리고 학술적 검증 없이 이제껏 피상적인 틀 속에서 번역 출판해온 것이 아닌가 한다.

Ⅱ. 저자 洪自誠·洪應明

《채근담》의 작자(著, 撰)는 〈明刻本〉 계통에는 '洪自誠'(還初道人)으로 되어 있고, 〈乾隆本〉, 〈光緒本〉 계통에는 모두 '洪應明'으로 되어 있다. 이 두 이름이 동일인인지에 대하여 이제껏 논란이 있어 왔다.

문제는 두 계통의 판본이 같다면 당연히 동일인으로 이름, 자, 호의 차이일 것으로 여기겠으나, 두 계통의 판본이 내용, 순서 등에 모두 차이가 있어 문제가 대두된 것이다.

우선 〈명각본〉 于孔兼 題辭에 "마침 친구 홍자성이라는 자가 있어 채근담을 가지고 와서 나에게 보여주면서 서문을 요청하기에"(適有友人洪自誠者, 持菜根譚示予且丐予序)라 하여 우공겸이 홍자성이라는 이름을 밝히면서 친구[友人]라 부른 것이다. 그런데 우공겸은 《明史》 권 231에 傳이 실려 있어 萬曆 8년 (1580)에 급제하여 여러 관직을 지냈던 인물로, 홍자성과 동시대 인물임을 알 수 있다. 그리고 〈명각본〉 첫 머리에 "還初道人 洪自誠 著"라 하여 호가 환초도인이며 스스로 저술한 것임을 명백하게 밝히고 있지만, 이를 교정한 "覺迷居士 汪乾初"라 표시되어 있으나 이 역시 사적을 자세히 알 수는 없다.

이 〈명각본〉이 일본으로 건너가 소위 「日本流傳本」이 되면서 일본과 한국에서는 모두 해석본을 한결같이 홍자성으로 표기하며 누구나 그렇게 알게 되었다. 그런데 「中國流傳本」은 명각본과 내용, 순서 등이 전혀 다르면서 모두가 "홍응명"으로 표기되어 있다. 이에 한일 두 나라는 서로 다른 이름으로 의심을 하였고, 억지로 중국판본은 홍자성의 후손이나 후대 사람이 명각본(혹 초각본)에 내용을 더하여 자신의 이름(홍응명)을 붙인 것이라 주장하는 데까지 이르게 된 것이다.

그러나 결론적으로 말해 두 이름은 동일인이다.

우선 '홍응명 찬'으로 알려진 《仙佛奇蹤》〈四庫全書總目提要〉小說家 存目 (권144)에 "《선불기종》 4권은 명대 홍응명의 찬이다. 홍응명은 자가 자성이며 호는 환초도인이다. 그 사는 곳과 관적은 알 수 없다. 이 책은 만력 임인년에 완성되었다"仙佛奇蹤四卷內府藏本, 明洪應明撰. 應明字自誠, 號還初道人. 其里 貫未詳. 是編成於萬曆壬寅라 하여 이름은 洪應明, 자는 自誠, 호가 還初道人 이며 책이 완성된 것은 명 만력 30년 임인(1602)이었음을 정확히 밝히고 있다. 이 내용은 乾隆本(還初道人著書二種)에도 전재되어 있다.

그밖에 《인명사전》에도 모두 이와 같다. 즉 商務印書館 《中國人名辭典》 에는 "洪應明, (明) 字自誠, 號還初道人, 有《仙佛奇蹤》"이라 하였고, 《中國人名 大辭典》上海古籍出版社도 똑같다. 그런가 하면 《中文大辭典》의 「洪應明」에는 "洪應明, 明人. 字自誠, 號還初道人, 著有仙佛奇蹤. 見四庫提要百四十四"로 되어 있고, 「洪自誠」에는 "明時人, 師承宋儒性理之學, 而深有得於釋老二氏之 精髓. ……著有菜根譚一書"라 하고, 다시 蔣介石 총통이 극찬하여 288조를 자세히 교정, 세상에 널리 펴도록 한 이야기까지 실려 있다. 게다가 중국 현대 백화어 번역 판본의 설명은 모두가 '홍응명의 자가 자성'이라고 그대로 인정하고 있으며, 혹 책 표지의 저자를 「洪自誠」이라 한 것은 소위 「日本流 傳本」을 그대로 옮겨놓은 경우일 뿐이다. 그러나 우리의 경우 모두가 한결 같이 홍자성으로 표기하고 해설 부분에서는 일본식 논거를 벗어나지 못한 채 동일인이 아닐 수 있다는 쪽으로 논리를 전개하고, 이에 대한 복잡한 논거를 제시하고 있다. 중국에서는 어디에도 이에 대한 의심이나 이의를 제기하지 않고 동일인으로 보고 있으나 다만 〈명각본〉에 홍자성으로 표기되어 있을 뿐 우공겸의 제사에도 그 본명이 홍자성임을 밝히지 않았고, 이것이 단독으로 일본으로 건너가 "홍자성"으로 확정 전재되면서 굳어졌으나, 뒤에 알려진 「中國流傳本」에서는 모두가 "홍응명"으로 표기되어 있음으로 해서 생긴 오해일 뿐이다.

III. 판본 전래 및 국내외 출판 현황

《채근담》의 판본 문제는 아주 복잡하여 지금도 미궁에 빠져 있다. 앞서 설명한 대로 《채근담》은 지금 두 가지 계통으로 전하고 있다. 바로 하나는 「中國流傳本」이며 하나는 「日本流傳本」(覆刻本, 飜印本)이다. 그러나 이 두 종류는 서로 달라 누가 언제 어떻게 수집하고 정리하여 이루어진 것인지 명확치가 않다. 우선 두 종류에 대하여 간략히 살펴보자.

첫 번째는 「中國流傳本」이다. 이 「중국유전본」은 바로 淸 同治 乙丑(1865) 寶光寺에서 판각한 판본 계통이다. 그러나 이 〈보광사본〉의 祖本은 淸 乾隆 40년 際願의 序文이 있는 揚州刻本이며, 이는 1922년 傅連璋의 石印本으로 이어져 傅氏가 辛亥革命 전 福建 汀州 亞盛頓醫院에 의사로 근무하면서 자비로 출간하여 많은 사람에게 증정하기에 이르렀다. 그는 "汀州傅連璋刊贈"이라는 글과 함께 서문을 남겼다. 한편 1931년 「喜咏軒叢書」 戊集의 〈還初道人著書二種〉이라는 石印本은 바로 이 揚州刻本을 다시 판각한 것이다. 그리고 1947년 주광후周光煦가 〈光緒·乾隆本〉의 卷上·卷下에는 없는 것들을 〈明刻本〉에서 찾아 153장을 〈續遺篇〉이라 하여 펴낸 것이 있으니, 이것이 〈周光煦 石印本〉이다. 따라서 〈명각본〉(續修四庫全書本) 前集·後集과 〈보광사본〉 卷上만 합하면 《채근담》 전체 544장이 모두 갖추어지게 되는 셈이다. 동시에 〈보광사본〉 卷下와 〈속유편〉을 합하면 순서는 다르지만 대체로 〈명각본〉 전체가 되는 셈이며, 다만 지금 전하는 〈속수사고전서본〉(명각본) 맨 뒤편의 6장만이 소속이 불분명한 상태로 남게 되는 것이다.

두 번째 계통은 「日本飜印本日本流傳本」이다. 이는 1915년 孫鏘이라는 사람이 일본에서 들여와 각인하여 증정한 鉛印本과 1918년 孫海環의 重印本, 그리고 1919년 志古堂의 刻印本, 1924년 齊銳의 石印本이 모두 이 계통이다.

이것이 어떤 경로를 거쳐 일본으로 건너가 크게 유행했는지는 필자로서는 자세히 알 수 없다. 다만 우리나라는 현재 「일본유전본」이 들어와 유행하여 자리잡고 있음은 분명하다.

그러나 이상 두 계통의 《채근담》은 전혀 달라 「중국유전본」은 〈보광사본〉만이 상하 양권으로 나뉘었으며, 卷上은 수성, 응수, 평의, 한적의 4개 소제목이 있어 모두 182장이며, 卷下는 개론 1개의 제목밖에 없으면서 무려 201장이 되어 모두 383장이다. 그 밖의 〈건·광본〉은 상하의 구분만 없고 내용과 순서, 소제목은 모두 같다. 그런데 「일본유전본」은 전집과 후집으로 나뉘며 전집은 222장, 후집은 136조로 모두 362조(원정동 주장, 본인이 명각본과 비교한 결과 모두 364장임)로 〈명각본〉과 같다.

(1) 〈明刻本〉(續修四庫全書本)

이는 〈續修四庫全書〉 子部 雜家類에 실려 있는 것으로 上海圖書館 所藏 〈明刻本〉을 근거로 한 것이다. 우공겸의 제사가 실려 있고(이 문장은 부록을 볼 것), 전집과 후집으로 나뉘어 있으며 "還初道人 洪自誠著, 覺迷居士汪乾初校"로 되어 있다. 모두 362장(전집 222, 후집 140)이다. 袁庭棟이 말한 「일본유전본」과 같으나 실제로 후집의 경우 韓日 모두 134장(釋氏隨緣, 吾儒素位……)에서 끝나고 있지만, 이 판본에는 그 뒤를 이어 6장이 더 있다. (총번호 357~362) 그리고 분장도 6군데가 달라 똑같은 내용의 다른 판본이 일본으로 건너간 것이 아닌가 한다.

(2) 〈乾隆本〉(喜咏軒叢書 戊集)

　　이는 정식 판본 명칭이 아니다. 표지에 "還初道人著書二種"이라 하여《仙佛
奇蹤》과 함께 합하여 하나의 책으로 출간한 것이다. 그리고 "武進涉園陶氏
刊訂"이라는 글씨가 들어 있으며 涉園의 지어識語가 있다. 그런데 涉園(陶氏)
의 識語에 의하면 "지난날 일본 복각본에 명대 홍응명의 채근담 한 질을
보았는데 우리나라(중국)의 저록가들도 보지 못한 것이었다"(曩見日本覆刻命洪
應明菜根譚一帙, 爲我邦著錄家所未見)라 하였으며, 이에 자신이 알고 있는 홍응명
(환초도인)의 《선불기종》과 합하여 〈還初道人著書二種〉이라 이름하여 널리
전하도록 한다'라 하였다. 그러나 이것이 일본 유행본(명각본)과는 전혀 달라
아마 涉園의 識語는 참고로 실어놓은 것이 아닌가 한다.

　　그런데 우선 책 저자를 「일본유전본」과 달리 '홍응명'으로 한 것은 홍응
명을 홍자성과 같은 이로 본 것이다. 이에 다시 표지에 "洪氏菜根譚一卷"
이라 하고 "董康題"와 낙관이 있으며, 속 표지에는 "歲在辛未夏日武進陶氏
重印"이라 하여 역시 중판본임을 밝혔다. 여기서 辛未年은 1931년이며 이는
「일본복각본」이 아니라 중국의 〈喜咏軒叢書〉戊集에 있는 판본을 근거로
한 것이다. 다만 이를 〈乾隆本〉이라 임시로 칭한 것은 첫머리에 "乾隆
五十九年(1794)二月二日 遂初堂主人識"라 하여 識語(원문은 부록을 볼 것)가
있기 때문이다. 그리고 '修省'부터 '槪論'까지 이어지면서 계속 본문이 시작
되어 363장~745까지 총 383장이 실려 있다.(본책 기준) 권을 나누지 않았으며
단지 脩省(37장; 363~399), 應酬(51장; 400~450), 評議(47; 451~497), 閑適(47장;
498~544), 槪論(201장; 454~745)으로 되어 있다. 특이한 점은 이를 〈寶光寺〉본과
대조하면 〈보광사〉본은 전 4편(수성, 응수, 평의, 한적)의 182장을 卷上으로,
'개론' 전체 201장은 卷下로 나누고 있음에 비하여 이 〈건륭본〉은 上下의
구분이 없다는 점이다. 또 〈명각본〉과 대조하면 이 4편(권상)은 모두가

〈명각본〉에는 전혀 없는 문장인 반면, 개론(권하)은 모두가 〈명각본〉에 들어 있는 문장이며, 단지 순서와 약간의 문자 차이가 있을 뿐이라는 점이다. 따라서 〈명각본〉 362장 중 201장은 완전히 겹치는 셈이며, 〈명각본〉 제 1장이 〈건륭본〉에는 592(본책 기준)에 들어 있다.

이 〈건륭본〉은 洪應明의 《仙佛奇蹤》과 합본으로 되어 있음은 앞서 밝혔다. 《선불기종》은 仙教의 奇人, 老子부터 魏伯陽까지 46인, 초기불교 釋迦牟尼부터 鶴勒那 등 17인과, 達摩부터 法明和尙까지 37인, 기타 10명 등 모두 110명의 傳記를 그림과 함께 저술한 傳記體 8권으로 〈四庫全書總目提要〉 小說家存目(二)에도 들어 있어 洪應明에 대한 연구에 귀중한 자료가 되고 있다.

이상 합본의 《還初道人著書二種》은 마침 1983년 臺灣 廣文書局에서 영인출간되어 쉽게 접할 수 있다.

(3) 〈光緖本〉

이 역시 판본 명칭은 없으며 洪應明著으로 되어 있다. 표지에 "光緖元年 (1875)秋八月 江都耿世珍敬題"의 題書와 낙관이 있으며, "南京流通經處校刊" 으로 되어 있다. 그리고 "重刊菜根譚原序"라 하여 "乾隆三十三年(1768)中元節 後三日三山病夫通理謹識"의 識語가 있다.(원문은 부록을 참조할 것)

이어 "光緖一十有五年1889歲在己亥春正月人日 ……劉名譽謹譔幷書"가 있다.(원문은 부록 참조) 그러나 光緖 15년은 1889년이며, 己亥는 1899(광서 25)년 으로 "一十"은 "二十"이 아닌가 한다.

그리고 다시 "重刊菜根譚叙"가 있다. "光緖二年杏月······ 儲金棟識於邗上之清泰室"로 되어 있다. 光緖 2년은 1876년으로 劉名譽의 서문(1899)과는 23년의 차이가 있다. 따라서 이는 重刊本을 다시 20세기 초에 覆刻한 것으로 보이며, 그 대본은 구체적으로 알 수 없으나, 앞서 乾隆本의 叙跋을 그대로 옮기지 않은 것으로 보아 또 다른 祖本이 있었던 것이 아닌가 한다. 특히 儲金棟의 서문에 "節錄한 채근담 1책만 있어 이를 머리맡에 놓고 소중히 여기면서 全本을 구하지 못하여 늘 안타깝게 여겼다. 그런데 居士 楊淨一의 茶會에 초청받아 갔더니 함께 참가한 觀如라는 승려가 자신에게 있는 《채근담》을 보여주어 전본을 볼 수 있었으며, 이를 널리 펴기 위하여 판각을 서둘렀다"(원문은 부록 참조)라 하여 그것이 조본이 아닌가 한다. 그리고 劉名譽의 서문에는 "秣陵의 승려 讓之가 이 菜根譚을 가지고 나를 찾아와 弁言을 써 주기를 청하여 서문을 쓰게 되었다"라는 것으로 보아, 아마 觀如의 것이 판각되었고, 그것이 다시 讓之에게 이어져 20세기 초 출판되어 오늘에 이른 것으로 보인다. 이 책은 마침 臺灣 新文豊出版社에서 영인으로 출간되어(1993) 지금 쉽게 볼 수 있다. 내용과 문자는 앞서 건륭본과 같으나 단지 일부 문자와 분장이 약간씩 다를 뿐이다. 역시 〈명각본〉 문장과 201장은 중복되고 있다. 한편 이 영인본은 娑羅館《淸言》(屠隆 緯眞甫篹)과 합본으로 되어 있다.

(4) 〈寶光寺本〉

이는 최근 袁庭棟의 《菜根談(譚)校注》(巴蜀書社, 1989, 成都)에 의해 알려진 것이다. 원정동의 이 책은 불과 97쪽의 小冊子로 〈교주본〉이라 하였으나 원문 표점과 간단한 각주로 이루어져 있다. 우선 그는 《環球》잡지 6期 (1987)에 실린 李榮標의 "일본에서의 채근담(菜根談在日本)"이라는 글을 보고 관심을 가져 이 책을 쓰게 되었으며, 앞뒤 많은 양의 내용을 이에 활용하고 있다. 더구나 부록에 이영표의 그 글을 전재하여 저작의도를 우회적으로 밝히기도 하였다. 여기서 그는 판본문제를 이렇게 언급하고 있다.

"지금 내가 표점 정리한 이 책의 판본은 내가 본 것 중에 국내(중국)에서 가장 이른 〈乾隆刻本〉을 번각한 〈보광사본〉이다. 이 책은 모두 383조(장)이다. 여기에 주광후의 서문이 있는 〈속유편〉 153장을 더하여 총 536장이다. 엄격히 말하면 내가 본 8종의 판본은 모두가 허술하였다. 상대적으로 「喜咏軒叢書本」의 착오가 가장 적었다. 〈보광사본〉만 하여도 오자가 있을뿐더러 탈구된 것까지 있다. 이에 나는 각 본을 대조하여 옳은 것을 택하는 방법을 취할 수밖에 없었으며, 전체의 문자와 분장, 합장을 정리하고 현대 표점을 찍어 간단히 주석하였다."

그리고 《채근담》에 대하여 간단히 판본과 전래과정을 설명하였다. 그의 주장은 《채근담》이 언제 완성되었고 언제 최초로 판각되었는지는 알 길이 없지만 최소한 明 萬曆(1573~1619) 연간에는 완성되었을 것이며, 그 장소는 北京일 것이라 하였다. 그리고 〈초각본〉이나 〈명각본〉을 자신의 힘으로는 찾을 수 없지만 아마 실전되었을 가능성이 가장 높다고 하였다.

그러다가 1915년 浙江省 奉化縣의 孫鏘이라는 자가 日本 京都에서 일본인 竹子恭이 詮釋한 《채근담》을 구입하였는데 이는 중국에서 보지 못하였던 것이라 여겨 이를 가지고 귀국, 다시 각인하여 친구들에게 증정하였다는 것이다. 그런데 실제로 중국에는 이미 《채근담》이 있었고 淸代에 끊임없이 판각되었다는 것이다. 그러나 〈보광사본〉에 대한 자세한 설명은 하지 않고 있어, 본인은 이를 직접 보지 못하여 확정적으로 말할 수는 없지만 이것이 〈건·광본〉과 같은 것이며, 다만 券上 卷下로 나뉜 것 외에는 차이가 없는 것이 아닌가 한다. 특히 1917년 韓國에서 이미 卍海 韓龍雲에 의해 講義된 《채근담》에 僧 來琳 重刊本을 거론하고 있어 〈건·광본〉은 중국에서 볼 수 있었던 판본임에는 의심의 여지가 없다.

(5) 〈周光煦 序文本〉續遺篇

지금 중국에서 유행하고 있는 백화본 《채근담》과 한국에서 유행하는 것은 대체로 「일본유전본」이 70여 년 전 들어온 것이다. 그러나 「일본유전본」에는 있으나 「중국유전본」에는 없는 153장이 문제였다. 이에 주광후는 바로 여기에 관심을 가지고 이를 추려내어 〈속유편〉이라 한 것이다. 그 서문에 "이 책은 옛날 蜀刻本이 있었다. 근래 海公上師의 명을 받들어 「일본유행본」을 참조하여 舊本에 없던 것을 새로 增入하여 이 책을 완비하게 되었다"(是書舊有蜀刻本. 近奉海公上師之命, 参照東瀛流行之本, 凡舊本所無者新增入之, 於是此書蔚爲完備矣)라 하였다. 여기서 舊本은 구체적으로 어떤 판본을 말하는지 알 수 없으며 海公上師도 어떤 인물인지는 알 수 없으나, 결국 구본은 「중국유전본」임이 분명하며 〈건·광본〉 계통이다.

그러나 이러한 증입은 구태어 「일본유전본」을 근거로 할 필요가 없었다. 우선 〈속수사고전서본〉(명각본. 원래 상해도서관장본임)이 엄연히 중국에 있고 소위 「일본유전본」과 순서와 체계가 같다. 그렇다면 「일본유전본」의 원본 계통도 중국에 있었던 것이다. 특히 말미의 6장은 「일본유전본」에 없는 것이니 그렇다면 「일본유전본」도 결국은 중국 원본(명각본 혹 초각본)이 전래 되어 건너간 것이 아니고서야 불가능하기 때문이다. 따라서 〈명각본〉(속수 사고전서)이 원본이며 袁庭棟이 말한 「중국유전본」은 중국 내에서 청대 새로이 편집되면서 그 자료를 洪氏가 남긴 다른 파일(file)에서 근거를 삼았을 가능성 이 매우 높다. 그러므로 〈명각본〉은 〈명각본〉대로 누락된 것이 있고(보광사본 권하 전체) 〈보광사본〉은 〈보광사본〉대로 누락된 것(주광후 속유편 153장)이 있게 된 것으로 보아야 할 것이다.

(6) 臺灣 中央硏究院本

이는 《채근담》 판본과 전혀 무관하다. 자료를 검색하여 출력한 결과 俗文學 희곡대본 3종(《花魁從良》·《妓女悲傷》·《丁香割肉》) 말미에 각각 《菜根譚 前集》이라 하여, 3조(花), 4조(妓), 4조(丁)씩 옮겨놓은 것이며, 연유는 알 수 없다. 그러나 모두가 현존 《채근담》이 들어 있는 구절들이다.

(7) 現代 中國 白話本

현대 《채근담》 백화어 번역본으로는 北京燕山出版社의 《文白菜根譚 大系》(張鳴 등 主編, 1998. 上中下 총 2270쪽)가 있으나 이는 《채근담》과 전혀 관계가 없다. 《채근담》의 主旨를 빌려 이름만 그렇게 사용했을 뿐이다. 〈修身 菜根譚〉, 〈爲學菜根譚〉 등 8가지로 나누어 古典의 名文을 모아 해설한 일종의 명문집이다.

그 외에 智慧果叢書《채근담》(江西古籍出版社, 2002)은 〈명각본〉(원정동이 말한 일본유전본)을 그대로 번역, 評析한 것으로, 前集 225, 後集 135장 등 358장이 들어 있고 역주자는 木子로 되어 있다.

그리고 學林出版社(2002, 上海)《채근담》역시 〈명각본〉을 근거로 하되 360조를 크게 「處世爲人篇」, 「功業成敗篇」, 「修身養性篇」, 「學以治用篇」, 「返璞歸眞篇」등 5가지의 소제목을 붙이고, 다시 매 장마다 "抱朴守卒 涉世之道" (본책의 002장) 등 제목을 붙였으며 순서는 모두 그 주제에 맞추어 바꾸었다. 그밖에 최근《菜根譚全編》洪應明(著) 李偉(編注) 岳麓書社 2006 湖南 長沙, 《菜根譚》明, 洪應明(著) 陳國慶(主編) 安徽人民出版社 2005 安徽 合肥, 《菜根譚》馬鳳華・何芳(評譯) 吉林人民出版社 2006 吉林 長春, 新譯《菜根譚》吳家駒(注譯) 三民書局 2007 臺灣 臺北 등 역주본에 끊임없이 쏟아져 나오고 있다.

(8) 국내 번역본

한국 최초의《채근담》은 만해 한용운이 1917년 新文館에서 펴낸 「精選講義《菜根譚》」이다. 번역 면에서 중국보다 일찍 나온 것이며 내용도 심도 있게 해설하고 있다. 그러나 제목에서처럼 「정선강의」가 목적이어서 우선 〈건・광본〉383장 중 218장을 싣고 있으며, 뒤를 이어 〈명각본〉에만 있는 것을 골라 59장을 번역하여 총 277장을 싣고 있다. 그러나 만해가 대본으로 한 판본은 지금으로서는 알 수 없는 「僧 來琳 重刊本」(支那廣本)이라 하였다.

우선 만해는 凡例에서 "淸 乾隆間의 僧 來琳이 重刊한 支那廣本을 주로 하고, 日本 現行의 略本을 綜合 精選하되 各本에 互出不同한 字句는 일일이 註示함"이라 하여 실제 「일본유전본」과 중국 〈건·광본〉 계통을 모두 참고한 것임을 알 수 있다. 그가 말한 支那廣本(來琳 重刊本)은 〈건·광본〉과 같은 계통일 것이며, 일본유행의 略本은 〈명각본〉과 같은 것이었을 것으로 보인다.

만해 이후 우리나라 《채근담》은 대체로 모두가 「일본유전본」(명각본 계통)을 근거로 하여 펴낸 것이다. 우선 金丘庸(1955)이 펴낸 《채근담》이 있고, 《마음의 샘터》(1964)는 역자 이름 없이 통속본으로 《채근담》 구절을 간추려 펴낸 것이며, 趙芝薫(1974), 盧台俊(1974), 朴一峰(1974), 成元慶(1975) 등이 있다. 그 중 조지훈 역주본은 순서를 바꾸어 「自然篇」, 「道心篇」, 「修省篇」, 「涉世篇」 등으로 나누어 주제별로 재분류하고 있다.

그리고 지금에 이르러서는 《채근담》이라는 단순한 책이름을 그대로 사용한 것이 주류를 이루고 있으나, 이를 넘어 《삶의 지혜 채근담》(김성원), 《채근담독본》(황병국), 《아하! 채근담》(진동일), 《신역채근담》(이은규), 《만화채근담》(진동일), 《일붕필사채근담발췌본》(서경보), 《채근담강의》, 《천고의 철언명훈채근담강화》(이종렬), 《이야기로 읽는 365일 채근담》, 《처세의 교훈 채근담》(조수익), 《생활의 지혜 채근담》(최준하), 《채근담-음악과 함께하는 선인들의 진리의 말씀》, 《수양채근담강화》, 《다시 보는 채근담》 등 무려 60~70여 종이 쏟아져 나와 있다.

還初道人(洪應明, 自誠) 著書二種(《菜根譚》,《仙佛奇蹤》) 표지와 서문 일부(廣文書局, 1983 臺北 印本)

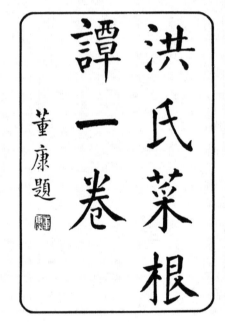

余過古刹於殘經敗紙中拾得菜根譚一錄繕視之
雖屬禪宗然於身心性命之學實有隱、相發明者
亟攜歸重加校讐繕寫成帙舊有序文不雅馴且
於是書無關沙語故芟之著是書者爲洪應明究不
知其爲何許人也乾隆五十九年二月二日遂初堂主人
識

乾隆本《채근담》표지와 遷初道人(洪應明, 自誠) 지어(識語) 건륭 59년(1794)

菜根譚　　　　　　　　洪應明著

修省

欲做精金美玉的人品定從烈火中煅來思立掀
天揭地的事功須向薄冰上履過

一念錯便覺百行皆非防之當如渡海浮囊勿容
一針之漏萬善全始得一生無愧備之當如凌
雲寶樹須假衆木以撐持

菜根譚　　　　一

忙處事為常向閒中先檢點過舉自稀功非分想
預從靜裏密操持非心自息

為善而欲自高勝人施恩而欲要名結好脩業而
欲驚世駭俗植節而欲標異見奇此皆是善念中
戈矛理路上荊棘寔易夾帶寔難拔除者也須是
滌盡渣滓斬絕萌芽纔見本來真體

能輕富貴不能輕一輕富貴之心能重名義又復
重一重名義之念是事境之塵氛未埽而心境之

乾隆本《채근담》첫장

洪氏仙佛奇蹤八卷

董康題

四庫總目提要 小說家存目二

仙佛奇蹤四卷內府藏本明洪應明撰應明字自誠號還初道人其里
貫未詳是編成於萬歷壬寅前二卷記仙事後二卷記佛事首載
老子至張三丰六十三人名曰消搖墟末坿長生詮一卷次載西
竺佛祖自釋迦牟尼至般若多羅十九人中華佛祖自菩提達摩
至船子和尚四十二人名曰寂光境末坿無生訣一卷仙佛皆有
繪像考釋道自古分門其著錄之書亦各分部此編兼採二氏不
可偏屬以其多荒怪之談姑坿之小說家焉
此本爲月旦堂刻共八卷前三卷自老子至魏伯陽四十六人
後三卷自釋迦牟尼至鶴勒那十七人自菩提達摩至法明和
尙三十七人與四庫著錄本稍異餘則皆同也

洪氏《仙佛奇蹤》표지와〈四庫全書總目提要〉

夫人生堕落世網彼蠅爭蟻逐單無論已即古稱長心逸節亦往

往鍜羽羈足者轅駒檻鳥然夫誰能蟬蛻鳳舉而消搖物外也者

緬惟羽客迄雲水之三千半片祸衣訪洞天之十二蒙莊氏所稱消

條藜杖意在斯乎予性寡諧謝絕一切氛獨紫芝白石有夙癖

馬洪生自誠氏新都弟子也一日携仙紀一編微言於予予披聞

之青霞紫氣暎發左右宛若遊海上而揖群真令人飄然欲仙罙

欲界丹丘塵世蓬島也雖仙有靈根道有夙契得皮志髓終非罙

舉向上事顧塵勞桑劫中定嘗拭昧黧名香熱苦茗時一鬻盈玩

之不猶吞火而欲之以冰哉他日倘逸變籠而步碧虛請執是以

作玉杵或不謂無因云

了凡道人袁黄題

佛引

仙佛奇蹤　序

懺自識滉障空迷雲鎖月茫茫苦海泗無津崖世尊羅漢諸菩薩

放大光明普照河沙世界用是興慈發願首建止觀二法為群生

所有中妄立名相是謂平地生波從何得入淨樂國土是不然機

一方便法門於三乘教中亦庶幾哉真實行慈者迥譚者又謂於

祗迷剗障令各自瞩本來古稱慈航寶筏語不虛已洪生自誠氏

幼慕紛華晚棲禪寂緣是遍諸佛菩薩而為之傳共神紀其事因

以寂光竟標焉蓋從止得寂緣照生光祖竺氏宗風為世人開

有淺深教有頓漸大善知識悟般若真空不落聲聞不墮色相洵

無藉此贅疣彼初機小乘覩善相而皈依聽法輪而悟入不假以

舟楫誰為出迷逸而登覺岸哉雖然有不障無色不異空一無

言也相一非相也其摩醯眼者願無生事理障

真實居士馮夢禎題

一

《선불기종》引文

老子者太上老君也累世化身而未有誕生之迹迫商陽甲時分
神化氣始寄胎玄妙玉女八十一年曁武丁庚辰二月十五日卯
時降誕於楚之苦縣瀨鄉曲仁里母左腋而生於李樹下指樹
曰此吾姓也生時白首面黃長耳矩耳鼻純骨雙柱耳有三漏門
美鬚廣顙疎齒方口足蹈三五手把十文姓李字伯陽號曰
老子又號曰老耼周文王召爲守藏史武王時遷爲柱下
史乃遊西極大秦竺乾等國號古先生化導其國康王時還歸于
周復爲柱下史昭王二十三年駕青牛車過函谷關度關令尹喜
知之求得其道二十五年降於蜀青羊肆會同度流沙胡域
至穆王時復還中夏敎王十七年孔子問道於老耼退而有猶龍
之嘆覩王九年復出散關飛昇崑崙泰時降浹河之濱號河上公
授道安期生漢文帝時號廣成子文帝遣使詔問之公曰道尊德
貴非可遽問帝即命駕詣之帝曰域中有四大王居一也子雖有

老君

《선불기종》 첫장

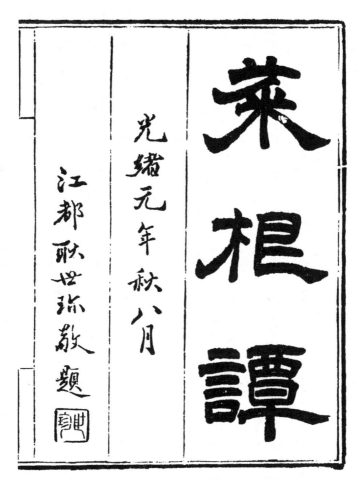

菜根譚

光緒元年秋八月

江都耿世琭敬題

光緒本(1875)《菜根譚》표지. 新文豐出版公司 印本(1993, 臺北)

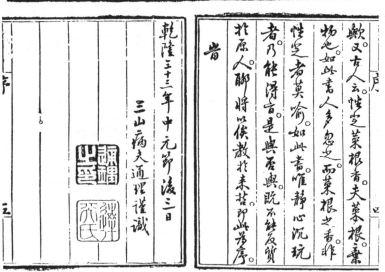

重刊菜根譚原序

戊子之秋七月既望余以牷病率山
禁是閱藏遠岫雲監院琇公南京
來顧出昕刻菜根譚書命予爲
序且自言其題曰來琳初愛近
即诵西方诗席聽教於不翁老人

序

一

泰请之眽老人私诚曰大德聰明遇
人應久在律席调伏身心遵五夏
之制熟三聚之文爲菩提之本作
定慧之基何急乎以聽教爲哉
毋不善用心失血莫醫自如清緣微
薄辟省款還岫雲翁曰善察尔因

歟又方人云性定菜根香夫菜棄
物也如此書人多忽之而菜根之香非
性定者莫喻如此書雖靜心沉玩
者乃能得言是興菩既不雖反貿
於原人聊將以俟教於來菩即此爲序

当

乾隆三十三年中元節後三日

三山病夫通理謹識

序

二

通理〈重刊菜根譚原序〉시작과 말미 부분(1768)

敘

菜羹布衲足度貧藜藿浮華不
染塵埃　先中議公詠懷之作余
小子書諸紳誌諸簡用是治家服
官時以黙華業實為務固敢失
隆貽　前人羞故鄙人服食慨庭見
之者詫其歛陋而不知拳々之意已

敘　一

十數栽如一日矣歲丁酉来守秣陵
有僧讓之持　洪先生菜根譚末
謁久之復以附刻　先公詩為精蕪
乞余弁言卷端余黙識於心甬午
於簿書未果也今敬敘之曰嗚呼季
世浮薄人欲氾濫其百什什儔於飲
食者何限蓋德之不脩學之不講者

敘

佩服先賢　父師之訓而力不足以副
之寧不自愧讓之一介野僧願知
洪先生書之善而珍之又知　先公詩
之善而傳之詎非大善知識哉金院
嘉讓之意之美且善知識詩之互
證參觀可以流傳於廣永也乃敘而
付諸讓之

敘　三

先緒二十有五年歲在己亥春正月
人日

誥授中憲大夫
賜進士出身前翰林院編修候補道江蘇
江寧府知府桂林劉名譽謹識并書

광서본《채근담》劉名譽 서문, 시작과 말미부분(1889)

菜根譚叙

一

其節目咪其旨趣身體而力行之不將躋斯民於仁
宇哉是爲序。
光緒二年杏月中澥海陵萍寄生儲金棟識於邗上
之淸泰室

重刊菜根譚叙

善書之繁賾同於聖經賢傳而人若不之見者端由
溺於物欲而不知其切於身心也悲夫善書之要不
外作德心逸作心勞與聖經賢傳並行不悖焉余
不敏未能探經傳之奧舛得善書必觀索焉曩見節
錄菜根譚一冊奉爲枕秘輒以未獲全本爲憾丙子
春居士楊淨一。設蔬筍之清齋訂芝蘭之雅契諦傳
茶話理悟蓮因。時觀如辯才閉關於藏經禪院之西
偏淨一偕余往見頗有遺世獨立之概座中有三長
老一淸梵一月航。一爲觀如上人之師妙溝滿譚片
瞬塵慮俱空觀如出全編授張博學翰臣囑寄同志。
冀廣流傳傳余歉然菜之亦授一卷先是汪布泉居士。
久藏此卷未付剞劂觀如上人見之。即爲偽茸淨一
緣之兼得多助遂藏其事昔眞西山羅景倫
同一百姓之有此色士大夫不知此味若自一命
以至於公卿皆得咬菜根之人則當必知其職分矣
百姓何愁無飯喫矣三復二公語並釋原序洵覺意
味深長隱合是書命名之旨而善與人同之意先後
一轍均屬法門開士亦良足異也惟願闖是編者按

二

菜根譚叙

儲金棟〈重刊菜根譚叙〉서문(1876)

俯仰天地見胞次之夷猶塵芥功名知
識趣之高遠單底陶鑄兼非綠樹青業
口吻化工盡是蒼飛魚躍此具自得何
如固未殼浸信所搶詞悲砍卅醒
人次噢籲非人目山口次浮華也譚以
菜根名固自清苦歷練中來夾自栽培
灌漑裡邊其顛頓風波猶嘗險阻可想

吳葵子曰天勞我已形吾逸吾心以補
之天阨豕以遇吾言吾道以通之具所
自警自勿者又可思矣用是以繫語弄
之猄公諸人又起菜根中有真味也
三峰主人于孔兼題

菜根譚前集

還初道人洪自誠著
覺迷居士汪乾初校

樓守道德者寂寞一時依阿權勢者妻凉萬古
達人觀物外之物思身後之身寧受一時之
寂寞毋取萬古之妻凉

涉世淺點染亦淺歷事深機械亦深故君子與
其練達不若朴魯與其曲謹不若踈狂

君子之心事天青日白不可使人不知君子之
才華玉韞珠藏不可使人易知

勢利紛華不近者為潔近之而不染者為尤潔
智械機巧不知者為高知之而不用者為尤
高

耳中常聞逆耳之言心中常有拂心之事纔是
進德修行的砥石若言又悅耳事又快心便
把此生埋在鴆毒中矣

明刻本《채근담》題詞(앞장 계속)와 前集 첫장

痤席上不知警高席外者昧舌故君子身雖
在事中心要超事外也

人生減省一分便超脫一分如交遊便紛
擾言語減便寡愆尤思慮減則精神不耗聰
明減則混沌可完彼不求日減而求日增者
真桎梏此生哉

天運之寒暑易避人世之炎凉難除人世之炎
凉易除吾心之氷炭難去又得吾心中之氷炭
廿二

則滿腔皆和氣自隨地有春風矣

茶不求精而壺亦不燥酒不求冽而罇亦不空
素琴無絃而常調短笛無腔而自適縱難超
越羲皇亦可匹儔秘阮

釋氏隨緣吾儒素位四字是渡海的浮囊蓋世
路茫又一念求全則萬緒紛起隨寓而安則
無入不得矣

童子心虛而雜則馴海翁機息而鷗下唯藏機挾

詐之人神形兩相猜疑肝胆自為胡越豈惟
物不能動抑且身自為优

草木之芳菲魚鳥之飛躍烟雲風月之遠宕而
光霧皆吾性的生機若被塵勞羈鎖物欲障
觸目不見一點趣味吾性亦索然稿矣

世態有炎凉而我無嗔喜世味有濃淡而我無
欣厭一毫不落世情窠臼便是一在世出世
法也
廿一

審為璞王毋為圭璋盡為素絲毋為黃裳冗事

不受人益姎心便與天遊

人心一有粘帶便鴻毛重若泰山唯因物付物
洒然自得則堯舜遜讓不過三杯酒湯武征
誅真是一局棋矣

奔走風塵者心冗意迫百年怳若一瞬棲運泉
石者念息攦開一日真如小年

明刻本《채근담》후집(續修四庫全書) 끝 부분. 뒤의 "童子心虛"부터 끝까지 6장이
日本 流傳本에는 누락되었다.

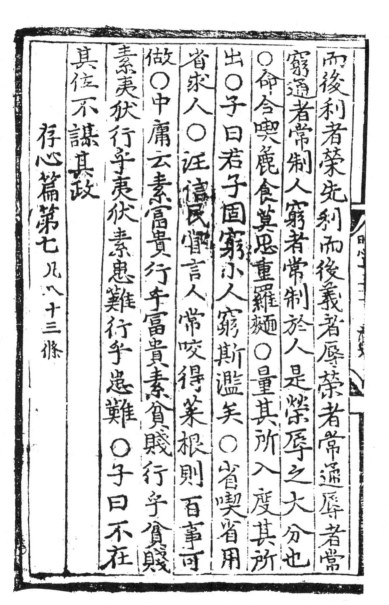

而後利者榮先利而後義者辱榮者常通辱者常
窮通者常制人窮者常制於人是榮辱之大分也
○命合喫鹿食莫思重羅麺○量其所入度其所
出○子曰君子固窮小人窮斯濫矣○省喫省用
省求人○汪信民嘗言人常咬得菜根則百事可
做○中庸云素富貴行乎富貴素貧賤行乎貧賤
素夷狄行乎夷狄素患難行乎患難○子曰不在
其位不謀其政

存心篇第七凡八十三條

《明心寶鑑》初刊本 安分篇 "菜根" 일절

名也

○注信民이 嘗言人이 常咬得菜根則百事를 可做ㅣ라ㅎ 胡康

侯ㅣ聞之고擊節嘆賞ᄒ며

●注信民이일즉닐오디사람이상히ᄂ물뿔쥐를너ᄒᆞ블면온갓일을可히일우리라ᄒ

야닐胡康侯ㅣ듯고節을擊ᄒ고차탄ᄒ야기리더라

(集說)陳ㅣ曰信民、名革、臨川人、康侯、文定公、字也、人能甘淡泊、而不以外物、

勤心、則可以有爲矣、擊節、一說、擊手揖節、一說、擊器物、爲節 皆通、嘆、嗟嘆、

賞、稱賞、朱子曰學者、須常以志士不忘在溝壑、爲念、則道義重、而計較死生之

心、輕矣、況衣食外物、至微末事、不得、求必便死、亦何用義犯犯分、役心、役志、

營營以求之耶、某觀今人、因不能咬菜根、而至於違其心者、衆矣、可不戒哉

右는實敬身이라

●이우ᄒᆞᆯ몸공경홈을實히우니라

原本小學集註卷之六 終

《小學》善行篇 實敬身의 "菜根" 일절

明 洪應明 著
朝鮮 韓龍雲 講義

精選
講義 菜根譚

新文館 發行

叙言

攬環土之秀石磊松磴一峡野而要使人人往而覘之宜其服多
而莫不成譚撥滿天之風露雪月延一浩切而要使人人往而居
之宜其苦寒而莫不欲遇至若離離豐草漫沒雜樹當其鬱然綠
蘼儀儀黃落之際怨覿他秀石也蕎松也則其巉剝之勢喬支之
色得無起髻霜嘆者乎于若焰焰山洞洞之氣凉之氣屈品之光
燄漲漲之外回想他風露也雪月也則其蒼凉之氣凉品之光
得無渭懷冷標者乎一口萬海上人之遊心禪海之暇遇夫遐初公
所著菜根譚而之編錄之示余於午夢初同之精藍節屆天
中也檀花吐紅熱輪横空雕窓居觸山風磬之去去來來者
自不爲吾佛如來憐惻勞生幾希巳乃者開北窓而爽然披讀則
思況復私山也以外多焦山苦海也想見病畦觸腹之去去來來者
得無滑懷冷標者乎一口萬海上人之遊心禪海之暇遇夫遐初公
其和如入山陰之蹊邐而谷風淒雨四面開人不追其應接來者

精選講義菜根譚 叙言

一

<!-- 修省篇 -->
精選講義菜根譚
修省

[讀] 修省이라 함은 自己의 身心에 對하야 修養省察을 謂함이며 사람이 世
에 處하야 미가장 高尙을 圖코자 함은 共有의 欲望이며 極히 問雜하고 極히
永遠호 幸福을 圖코자 함도 또한 然이나 宇宙萬有를 總히
萬의 間에 介호야 自己와 外物의 間에 遂를 호 道가 其히 困難함이라 如是히 困難
相來得함을 야 그 欲望의 目的에 違치호 니道가 其히 困難함이라 如是히 困難
호 道를 行코저 하면지 各히 自己의 身心을 修省하야 外
物와의 間에 生하는 關係를 調理하야 自己의 身心을 修省하야 外
報應을 곳 我의 外物에 對호 作用을 反射하며니 故로 自己의 身心을 修省

精選講義菜根譚 精(省修)

二

欲做精金美玉的人品. 定從烈火中煅來. 思立掀天揭
地的事功. 湏向薄氷上履過.

[讀] 精金美玉의 人品을 做코저 하면 定히 烈火의 中으로 從하야 煅來하
지오즈며 掀天立地를 揭하는 의 事功을 立하랴면 모두 薄氷의 上
向하야 履過하여라

[講] 精金美玉의 烈火의 中에 滿度의 煅煉을 受하고 琢磨의 功을 加호 後에
야 一點의 瑕疵도 無히 優美호 資器를 成하나니 人品을 成함도 如是호 金玉
과 如히 剛明精美호品格을 做하야지 可히 人品되다 謂할지라 如金玉
의 中에서 其精明精美호 資器를 做하야 可히 金玉되다 호 것은 반드시 烈火
니 故로두千秋의 忠烈과 萬古의 英雄의 絶代의 豪傑은 十生九死萬敗호
하고 其精神을 煅煉하야 志氣를 淬礪하며 困難을 避하고 安逸호 順境만을 樂
經호 中에서 出하고 熱血을 濺하며 生을 犧牲하야지라 怯懦浮虛한 情態을 解脫코저
하고 其精神을 煅煉하야 志氣를 淬礪하며 困難을 避하고 安逸호 順境만을 樂

우리나라 첫 講解本 卍海 韓龍雲의 《菜根譚》 표지와 서언 본문 일부. 修省篇으로부터 시작하고 있다. 新文館(1917, 서울)

●菜根譚前集

學者要收拾精神。併歸一路。如修德而留意於事功名譽。必無實詣。讀書而寄興於吟詠風雅。定不深心。

人人有個大慈悲。維摩屠劊。無二心也。處處有種眞趣味。金屋。茅簷非兩地也。只是慾蔽情封。當面錯過。便咫尺千里矣。

進德修道。要個木石的念頭。若有一欣羨。便趨慾境。濟世經邦。要段雲水的趣味。若一有貪著。便墮危機。

戲本《花魁從良》의 표지와 附記된 《菜根譚》 구절. 臺灣 中央研究院 傅斯年圖書館 藏本

차 례

菜根譚 흐

《菜根譚》(坤) 洪應明 著(〈寶光寺〉本)

I. 권상卷上(363~544)

〈一〉 수성편修省篇

〈三〉 평의편 評議篇

〈四〉 한적편 閑適篇

II. 권하卷下 (545~745)

III. 주광후周光煦《채근담菜根譚》속유편續遺篇(747~898)

⊛ 부록

菜根譚 三

《菜根譚》(乾) 洪自誠 著(《續修四庫全書》本)

I. 전집 前集(001~222)

II. 후집 後集(223~362)

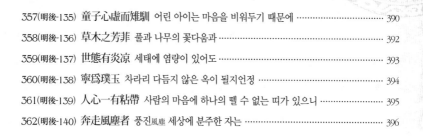

菜根譚(坤)

宋, 沈子蕃 〈山水圖〉 臺北故宮博物院 소장

I. 권상卷上

〈寶光寺本〉 洪應明(著)

　　홍응명洪應明 저著로 되어 있는 이 〈보광사〉본의 권상卷上은 전체가 〈명각본明刻本〉(續修四庫全書, 洪自誠)과 전혀 다른 182장의 글이 들어 있다. 그리고 주광후周光煦 서문본序文本(1947)의 「속유편續遺篇」과도 겹치지 않는다. 한편 「권하卷下」와 「속유편續遺篇」의 문장은 모두가 〈명각본〉(홍자성)과 겹치되 순서가 다르고 문자도 차이가 있다. 그리고 〈명각본〉이 내용 구분 없이 전집前集·후집後集으로만 나눈 데 비하여, 이 〈보광사본〉은 권상卷上·권하卷下로 나누었으며 권상卷上에는 다시 「수성편修省篇」, 「응수편應酬篇」, 「평의편評議篇」, 「한적편閑適篇」 등 4 가지로, 그리고 권하卷下에는 단지 「개론편槪論篇」만 있을 뿐이다.

〈一〉修省

菜根譚

脩省

洪應明著

欲做精金美玉的人品定從烈火中煅來思立掀
天揭地的事功須向薄冰上履過
一念錯便覺百行皆非防之當如渡海浮囊勿容
一針之漏萬善全始得一生無愧悔之當如凌
雲寶樹須假眾木以撐持

菜根譚
一

忙處事為常向閒中先檢點過舉自稱勤時念想
預從靜裏密操持非心自息
為善而欲自高勝人施恩而欲要名結好修業而
欲驚世駭俗植節而欲標異見奇此皆是善念中
戈矛理路上荊棘最易夾帶最難拔除者也須是
滌盡渣滓斬絕萌芽纔見本來真體
能輕富貴不能輕一輕富貴之心能重名義又復
重一重名義之念是事境之塵氛未埽而心境之

《채근담》乾隆本(1794) 脩省篇

菜根譚

修省

洪應明著

欲做精金美玉的人品定從烈火中煅來思立掀天
揭地的事功須向薄冰上履過
一念錯便覺百行皆非防之當如渡海浮囊勿容一
針之罅漏萬善全始得一生無愧悔之當如凌雲寶
樹須假眾木以撐持
忙處事為常向閒中先檢點過舉自稱勤時念想預
從靜裏密操持非心自息

菜根譚
二

為善而欲自高勝人施恩而欲要名結好修業而欲
驚世駭俗植節而欲標異見奇此皆是善念中戈矛
理路上荊棘最易夾帶最難拔除者也須是滌盡渣
滓斬絕萌芽纔見本來真體
能輕富貴不能輕一輕富貴之心能重名義又復重
一重名義之念是事境之塵氛未埽而心境之荊帶
未忘此處拔除不淨恐石去而草復生矣
紛擾固溺志之場而枯寂亦槁心之地故學者當棲
心元默以寧吾真體亦當適志恬愉以養吾圓機
昨日之非不可留留之則根燼復萌而塵情終累乎

《채근담》光緒本(1875) 修省篇

363(寶上-1) 欲做精金美玉的人品

정금미옥精金美玉의
인품을 가지고자 한다면

정금미옥精金美玉의 인품을 가지고자 한다면
이는 열화 속에 단련을 거쳐 나와야 하는 것이요,
흔천게지掀天揭地의 큰 일과 공을 세우고자 한다면
모름지기 얇은 얼음 위를 통과해야 하는 법이다.

欲做精金美玉的人品,
　　定從烈火中鍛來,
思立掀天揭地的事功,
　　須向薄氷上履過.

〈혜능대사〉

【精金美玉】아주 잘 정제된 황금과 아름다운 옥. 인품의 완벽한 수양을 뜻함.

【掀天揭地(흔천게지)】하늘을 치켜들고 땅을 거두어 올림. 아주 큰 업적이나 공훈을 말함.

【薄氷】얇은 얼음. 臨深履薄과 같은 뜻.《詩經》小雅 小旻篇의 구절로 매우 조심함을 이르는 말.「戰戰兢兢, 如臨深淵, 如履薄氷」이라 함.

※《格言聯璧》敎品類(238)에「欲做精金美玉的人品, 定從烈火中鍛來; 思立揭地 掀天的事功, 須向薄氷上履過」라 하여 전재됨.

364(寶上-2) 一念錯
한 번 생각이 어그러지고 나니

한 번 생각이 어그러지고 나니
문득 백 가지 행동이 모두 글렀음을 깨닫도다.
이를 방비하기를 의당 바다를 건너는 부낭浮囊으로 여겨
바늘구멍만한 샐 틈도 용납하지 말라.
만 가지 선이 온전하니
비로소 일생이 부끄러움 없음을 얻게 되도다.
이를 수양하되 의당 구름을 뚫고 솟은 보수寶樹로 여겨
모름지기 여러 나무를 빌려 이를 지탱하라.

一念錯, 便覺百行皆非,
　　　防之當如渡海浮囊, 勿容一針之罅漏;
萬善全, 始得一生無愧,
　　　修之當如凌雲寶樹, 須假衆木以撐持.

【浮囊(부낭)】 물에 뜨는 주머니. 물을 건널 때 빠지지 않을 생명 구제의 도구.
　救命袋 물 위에 떠서 사람이 잡고 험한 물을 건널 수 있도록 하는 浮物.
【罅漏(하루)】 罅는 옹기나 도기에 금이 있어 새는 틈. 漏는 물이 새는 것.
【寶樹】 구슬 따위의 보배로 만든 보물 나무 탑.

365(寶上-3) 忙處事爲
바쁜 가운데 하는 일은

바쁜 가운데 하는 일은
항상 한가한 속에 이를 먼저 점검해 두었어야 한다.
그래야 허물된 행동이 저절로 드물게 된다.
움직일 때의 상념은
미리 고요한 가운데 조밀히 이를 조종하여 가지고 있도록 하라.
그래야 그릇된 마음이 저절로 사라지게 된다.

忙處事爲,
常向閑中先檢點,
過擧自稀;
動時念想,
豫從靜裡密操持,
非心自息.

〈법융선사〉

【過擧】 過는 허물, 과실. 擧는 行動擧止.
【操持】 조종하여 지킴.

366(寶上-4) 爲善而欲自高勝人
선한 일을 한다면서

선한 일을 한다면서 자신이 남보다 높아지기를 바라고,
은혜를 베푼다면서 좋은 사람과 교유를 맺는 명예를 바라고,
업을 닦는다면서 세상과 세속을 놀라게 하고자 하며,
적의를 심는다면서 기이하게 보이기를 표방한다면,
이는 모두가 착한 생각 속의 과모戈矛이며,
이치의 길에 돋아난 형극荊棘이도다.
이러한 경우는 가장 끼고 다니기는 쉬우나
뽑아 제거하기는 가장 어려운 것이로다.
모름지기 그 찌꺼기를 깨끗이 씻어 없애고,
그 싹을 잘라 없애야만
본래의 진체眞體를 드러내게 된다.

爲善而欲自高勝人,
施恩而欲要名結好,
修業而欲驚世駭俗,
植節而欲標異見奇.
此皆是善念中戈矛,
　理路上荊棘,
　　最以夾帶,
最難拔除者也.

〈숭악원규선사〉

須是滌盡渣滓,
　斬絶萌芽,
纔見本來眞體.

【戈矛(과모)】 창. 여기서는 무서운 무기를 뜻함.
【荊棘(형극)】 가시.
【渣滓(사재)】 찌꺼기.
【眞體】 진정한 본체.

367(寶上-5) 能輕富貴
부귀를 능히 가벼이 여긴다면서

부귀를 능히 가벼이 여긴다면서
능히 부귀에 대한 마음을 가볍게 하지 않거나,
능히 명의를 중히 여긴다면서 다시 명의에 대한 염려를 중히 여긴다면
이는 일의 경지에 묻은 진분塵氛을 아직 쓸어버리지 못한 것이요,
마음의 경지에 있는 개체芥蔕를 아직 잊지 못하고 있는 것이다.
이러한 곳에서 뽑고 소제하기를 깨끗이 하지 않았다가는
돌이 사라지면 풀이 다시 살아날까 두렵다.

能輕富貴, 不能輕一輕富貴之心;
能重名義, 又復重一重名義之念.

是事境之塵氛未掃,
而心境之芥蒂未忘.
此處拔除不淨, 恐石去而草復生矣.

【塵氛(진분)】 티끌 세상에 대한 분위기. 세속에 대한 연정.
【芥蒂(개체)】 겨자와 같은 작은 여분과 오이의 꼭지와 같은 여분. 남겨서는
안될 것들이라는 뜻으로 쓰였음.

368(寶上-6) 紛擾固溺志之場
　　　　분요紛擾는 진실로 의지를 익사시키는 장場이며

분요紛擾는 진실로 의지를 익사시키는 장場이며,
고적枯寂 역시 마음을 말라죽게 하는 땅이다.
그러므로 학자는 의당 현묵玄黙에 마음의 터를 잡아
나의 진체眞體를 편안히 하여야 하며,
역시 마땅히 염유恬愉에 뜻을 알맞게 하여
나의 원기圓機를 길러야 한다.

紛擾固溺志之場,
而枯寂亦槁心之地.
故學者當栖心玄黙, 以寧吾眞體;
亦當適志恬愉, 以養吾圓機.

【紛擾(분요)】풀 수 없도록 뒤얽힌 상태와 고정되지 못한 흔들림.

【枯寂】메마를 정도로 적막하게 굴어 세상과 화합하지 못하는 고집.

【玄黙】고요하고 玄遠한 침묵.

【恬愉(염유)】恬淡을 유쾌하게 느끼는 정서.

【圓機】세상을 원만하게 여기며 이끄는 기틀. 혹은 외물로부터 속박을 받지 않은 본연의 기틀이나 원리를 뜻함.

369(寶上-7) 昨日之非不可留
어제의 잘못은 남겨두지 말라

어제의 잘못은 남겨두지 말라.

이를 그대로 남겨두었다가는 뿌리가 모두 타 없어졌다 해도 다시 싹이 돋아

티끌 세상의 정이 끝까지 이취理趣에 누를 끼친다.

오늘의 옳다고 하는 것에 대하여도 집착하지 말라.

집착했다가는 찌꺼기가 정화되지 않아

이취가 반전하여 욕심의 뿌리가 되고 만다.

昨日之非不可留,

留之則根燼復萌, 而塵情終累乎理趣;

今日之是不可執,

執之則渣滓未化, 而理趣反轉爲欲根.

【理趣】세상의 근본 理致와 그에 맞는 雅趣.

370(寶上-8) 無事
일이 없다고

일이 없다고 곧 생각에 한잡閑雜한 상념이 있는가의 여부는?
일이 있다고 곧 생각에 추부麤浮한 의기가 있는가의 여부는?
뜻을 얻었다고 곧 생각에 교긍驕矜한 말이나 표정이 있는가의 여부는?
뜻을 잃었다고 곧 원망하는 감정을 품음이 있는가의 여부는?
때때로 이상을 점검하여 많은 것으로부터 적은 곳으로 들어오며
있음으로부터 없음으로 들어옴을 터득해야만
비로소 이것이 학문의 참된 소식消息이 되는 것이다.

無事, 便思有閑雜念想否?

有事, 便思有麤浮意氣否?

得意, 便思有驕矜辭色否?

失意, 便思有怨望情懷否?

時時檢點, 到得從多入少,

從有入無處.

纔是學問的眞消息.

【閑雜】 한가함과 복잡함에 대한 차이로 고민하는 상태.
【麤浮(추부)】 거칠고 들떠 있는 상태.
【驕矜(교긍)】 교만한 긍지.
【消息】 사라질 것은 사라지고 생겨날 것은 생겨나게 하는 본래의 이치. 쌍성어.

371(寶上-9) 士人
선비된 사람이라면

선비된 사람이라면 백절불회百折不回의 진심이 있어야
비로소 만변불궁萬變不窮의 묘용妙用을 가지게 된다.

> 士人有百折不回之眞心,
>   纔有萬變不窮之妙用.

【百折不回】'百折不屈'과 같음. 백 번 꺾어도 굽히지 않음. 의지가 굳고 믿음이
강함을 뜻함.
【萬變不窮】그 어떤 변화에도 대처함이 궁하지 않음. 어떤 일도 대처하여
바르게 처리함.

372(寶上-10) 立業建功
업을 세워 공을 이룸에

업을 세워 공을 이룸에 일마다 실질적인 일로부터 발을 디디도록 하라.
만약 조금이라도 명성이나 소문을 사모한다면
곧 이는 거짓 결과를 낳게 될 것이다.

도를 강론하고 덕을 닦음에 생각마다 빈 곳에서 그 기초를 세워라.
만약 조금이라도 공이나 효과를 계산한다면
이는 곧 티끌 세상의 정으로 추락하고 말 것이다.

立業建功, 事事要從實地著脚,
　　　　　若少慕聲聞, 便成僞果;
講道修德, 念念要從虛處立基,
　　　　　若稍計功效, 便落塵情.

【著脚】발을 붙임. 일을 시작함.
【聲聞】聲은 명성이나 칭찬, 聞은 잘한다는 소문.
【塵情】티끌 세상에 정을 두고 일을 하는 것. 세속의 명예를 뜻함.

373(寶上-11) 身不宜忙
몸은 바쁘게 하지 말라

몸은 바쁘게 하지 말라.
오히려 한가할 때 바삐 해 두어야
역시 게으름을 경계하여 바로잡을 수 있느니라.
마음은 풀어놓지 말라.
오히려 섭리를 수용한 다음에 풀어놓아야
역시 천기天機를 고창鼓暢시킬 수 있느니라.

身不宜忙,
而忙於閑暇之時,
亦可儆惕惰氣;
心不可放,
而放於收攝之後,
亦可鼓暢天機.

〈조주종심선사〉

【天機】 사람이 하늘로부터 받은 본래의 기틀.
【鼓暢】 고무시켜 창성하게 함.

374(寶上-12) 鐘鼓體虛
종고鐘鼓는
속이 비어 있음으로 해서

종고鐘鼓는 속이 비어 있음으로 해서
소리가 들리도록 울려나지만
도리어 그 때문에 자신을 치는 것을 불러들인다.
미록은 성품이 사납지 않음으로 해서
좋은 먹이를 얻어먹지만 도리어 갇혀 살게 된다.
이로써 명예는 화를 부르는 근본이요,
욕심은 뜻을 흩어놓는 중매쟁이임을 알겠도다.
배우는 자는 이를 쓸어 없애는 데에 힘을 쏟지 않으면 안 되느니라.

鐘鼓體虛, 爲聲聞而招擊撞;
麋鹿性逸, 因豢養而受羈縻.
可見名爲招禍之本,
欲乃散志之媒,
學者不可不力爲掃除也.

【鐘鼓】종과 북. 속이 비어 있어 소리를 냄.
【麋鹿(미록)】사람이 붙들어 가두어 기를 수 있는 순한 사슴.
【豢養(환양)】환은 가축에게 주는 훌륭한 식물성 먹이를 뜻함. 사람에게 순치
되어 사육 받음을 뜻함.
【羈縻(기미)】고삐나 끈으로 묶이거나 우리에 가둠.

375(寶上-13) 一念常惺
마음이
한결같이 늘 깨어 있어야

마음이 한결같이 늘 깨어 있어야
비로소 신궁과 귀신의 화살을 피할 수 있고,
티끌만큼의 먼지에도 물들지 않아야
비로소 땅과 하늘의 모든 그물을 열어젖힐 수 있느니라.

一念常惺, 纔避去神弓鬼矢;

纖塵不染, 方解開地網天羅.

【神弓鬼矢】신의 활과 귀신의 화살. 피하기 어려운 재앙을 말한다.

【纖塵】아주 작은 티끌. 이것조차 마음을 괴롭히는 것으로 보았다. 范仲淹의
〈試筆〉에「況有南窗姬易在, 此心那更起纖塵?」이라 하였다.

【地網天羅】땅과 하늘에 널리 쳐져 있는 그물. 피하기 어려운 법망이나 함정
따위를 뜻한다.

※《增廣賢文》(356)에「一念常惺, 纔避得去神弓鬼矢; 纖塵不染, 方解得開地網
天羅」라 하였다.

376(寶上-14) 一點不忍的念頭
한 점의 차마 못하는 마음은

한 점의 차마 못하는 마음은
바로 백성을 살리고 만물을 살리는 뿌리요 싹이로다.
한 가닥 하지 않을 수 있는 기개와 절의는
바로 하늘을 떠받치고 땅을 떠받치는 기둥이요 주춧돌이로다.
그러므로 군자는 벌레 한 마리, 개미 한 마리에게조차
차마 상처를 주거나 잔혹하게 굴지 않는 것이요,
한 실오라기만큼의 탐모貪冒도 용납하지 않는 것이다.
이리하여 곧 백성과 만물을 위하여 천명을 세우며,
하늘과 땅을 위하여 마음을 세울 수 있는 것이다.

一點不忍的念頭, 是生民生物之根芽;
一段不爲的氣節, 是撐天撐地之柱石.
故君子於一蟲一蟻, 不忍傷殘;
一縷一絲, 勿容貪冒,
便可爲民物立命,
天地立心矣.

【貪冒】 탐욕이나 잘못된 모험.

※《增廣賢文》(366)에 「一段不爲的氣節, 是撐天立地之柱石; 一點不忍的念頭, 是生民育物之根芽」라 하였다.

377(賢上-15) 撥開世上塵氛
세상의 진분塵氛을 뽑아버려야

세상의 진분塵氛을 뽑아버려야
흉중에 저절로 화염火炎과 빙경氷競이 없어질 것이요,
마음의 비루함과 인색함을 모두 소각해 버려야
눈앞에 때맞추어 달이 떠오르고 바람이 불어올 것이다.

撥開世上塵氛, 胸中自無火炎氷競;
消却心中鄙吝, 眼前時有月到風來.

【塵氛(진분)】 티끌 세상의 험한 분위기.
【氷競】 '火炎'에 상대되는 말로 쓰였으며 차가운 얼음이 다투어 얼기 시작
　함을 뜻함.《增廣賢文》에는 '水競'으로 되어 있다.
【鄙吝(비인)】 비루하고 인색함.

※《增廣賢文》(408)에 「撥開世上塵氛, 胸中自無火炎水競; 消去心中鄙吝, 眼前時
　有鳥語花香」이라 하였다.

378(寶上-16) 學者動靜殊操
학자로서 동정에 그 지조가 다르고

학자로서 동정에 그 지조가 다르고
시끄럽고 조용함에 따라 취향이 다르다면
이는 아직도 단련이 미숙하고 마음과 정신이 뒤섞인 이유 때문이다.
모름지기 절조를 존속시키고 함양하여
멈춘 구름 그친 물 속에 연비어약鳶飛魚躍의 기상이 있고,
바람이 미친 듯하고 비가 쏟아지는 곳에서도
파도가 조용하고 물결이 잔잔한 풍광을 가져야
비로소 한곳에 처하여 똑같이 대처하는 묘妙를 보일 수 있는 것이다.

　學者動靜殊操,
　　喧寂異趣,
　還是鍛煉未熟,
　心神混淆故耳.

須是操存涵養,
　　定雲止水中, 有鳶飛魚躍的景象;
　　風狂雨驟處, 有波恬浪靜的風光,
　　　　纔見處一化齊之妙.

【喧寂(훤적)】喧은 시끄러움, 寂은 고요함.
【混淆(혼효)】뒤섞여 정리되지 않은 상태. 쌍성어.
【鳶飛魚躍】《詩經》大雅 旱麓의 구절로 세상 모든 것이 각자 열심히 움직이는 풍경을 표현한 것임.
【化齊】세상 만물에 대하여 구분 없이 모두 그 존재가치를 하나로 봄.

379(寶上-17) 心是一顆明珠
마음은 하나의 명주이다

마음은 하나의 명주이다.
이 마음을 물욕이 덮어씌우면 마치 명주이면서
진흙과 뒤섞여도 이를 씻어내면 되듯이 쉽지만,
만약 정식情識으로 이를 덧붙이면 마치 명주이면서
이를 은황銀黃으로 장식하여 이를 씻어 제거하기가
가장 어려운 것과 같아진다.
그러므로 학자는 때묻은 병을 근심할 것이 아니라
깨끗한 병을 고치기 어렵다는 것을 걱정해야 하며,
일의 장애를 두려워할 것이 아니라
이치의 장애가 제거하기 어렵다는 것을 두려워해야 한다.

心是一顆明珠:

以物欲障蔽之, 猶明珠而混以泥沙, 其洗滌猶易;

以情識襯貼之, 猶明珠而飾以銀黃, 其滌除最難:

故學者不患垢病, 而患潔病之難治;

　　不畏事障, 而畏理障之難除.

【顆(과)】구슬 따위를 세는 단위.
【襯貼(츤첩)】풀칠하여 붙인 것처럼 달라붙어 떨어지지 않음.
【銀黃】금은 따위로 만든 장식품.

380(寶上-18) 軀殼的我要看得破
몸의 껍질인 나를 간파할 수 있다면

몸의 껍질인 나를 간파할 수 있다면
만유萬有가 모두 공空이요 그 마음이 항상 빈 것이 될 것이다.
빈 것이 되면 의리義理가 와서 자리잡게 된다.
성명性命의 나를 인식하기를 진솔하게 한다면
만가지 이치가 모두 갖추어져 그 마음이 항상 실하게 되리라.
실하게 되면 물욕이 들어올 수 없게 된다.

軀殼的我要看得破, 則萬有皆空,

　　而其心常虛, 虛則義理來居;

性命的我要認得眞, 則萬理皆備,

　　　而其心常實, 實則物欲不入.

【物欲】‘物慾’과 같음. 이 책에서는 ‘欲’자를 대체로 ‘慾’자와 通假하여 쓰고 있음.

381(寶上-19) 面上掃開十層甲
　　얼굴에 열 겹으로 덮고 있는 껍질을

얼굴에 열 겹으로 덮고 있는 껍질을 벗어 없애야
눈썹 가에 비로소 남을 미워하는 마음이 사라질 것이요,
가슴에 몇 말이나 되는 티끌을 씻어 없애야
말소리가 바야흐로 맛이 있음을 느끼게 될 것이다.

面上掃開十層甲,
　眉目纔無可憎;
胸中滌去數斗塵,
　語言方覺有味.

〈지위선사〉

382(寶上-20) 完得心上之本來

마음의 본 모습을 완전히 터득하고 나야

마음의 본 모습을 완전히 터득하고 나야
비로소 말이 마음을 밝히 알아맞추어줄 수 있고,
세간의 떳떳한 도리를 모두 터득하고 나야
비로소 출세의 논의를 감당할 수 있는 것이다.

> 完得心上之本來, 方可言了心;
> 盡得世間之常道, 纔堪論出世.

【了心】 了는 瞭와 같음. 마음을 瞭解(了解)함. 백화어투의 표현임.
【出世】 인간 속세를 벗어남을 뜻함. 사람이 살고 있는 세상을 객관화하여
살피고 따져봄을 뜻함. 莊子의 사상 중의 하나임.

383(寶上-21) 我果爲洪爐大冶

내가 과연 큰 용광로에

내가 과연 큰 용광로에 큰 풀무라면
어찌 완금둔철頑金鈍鐵이 녹여지지 않음을 걱정하겠는가?
내가 과연 큰 바다 긴 강물이라면
어찌 횡류오독橫流汚瀆이 용납되지 않음을 걱정하겠는가?

我果爲洪爐大冶,
何患頑金鈍鐵之不可陶鎔?
我果爲巨海長江,
何患橫流汚瀆之不能容納?

【洪爐大冶】 큰 용광로와 큰 풀무. 쇠를 녹여 단련시켜 도구를 만듦을 뜻함.
【頑金鈍鐵】 용광로에 잘 녹지 않는 쇠붙이나 광석.
【陶鎔】 도는 흙을 빚어 도자기 등을 만드는 것, 용은 쇠붙이를 녹여 기구를
만드는 것.
【橫流汚瀆】 순리대로 흐르지 않는 물과 더럽게 오염된 물.

384(寶上-22) 白日欺人
대낮에 사람을 속였다가는

대낮에 사람을 속였다가는
맑은 밤의 부끄러운 보고에서 도망치기 어려우리라.
홍안의 젊은 나이에 뜻을 잃는다는 것은
한갓 흰머리 늙음에 비통한 상처를 남겨주는 것이 되리라.

白日欺人, 難逃淸夜之愧報;
紅顔失志, 空貽皓首之悲傷.

【愧報(괴보)】낮에 저지르는 부끄러운 일에 대한 소문이나 보고.
【皓首(호수)】머리가 하얗게 셈. 늙음을 뜻함.

385(寶上-23) 以積貨財之心
재물을 쌓는 마음으로

재물을 쌓는 마음으로 학문을 쌓고,
공명을 구하는 생각으로 도덕을 구하며,
처자를 사랑하는 마음으로 부모를 사랑하고,
작위를 보전하는 책략으로 나라를 보위하라.
이쪽에서 나와 저쪽으로 들어가는
이러한 생각은 다만 털끝만한 차이일 뿐이로되
범인의 경지를 초월하여 성인의 경지로 들어가는
인품의 차이는 하늘의 별과 땅의 못처럼 판이하도다.
사람이 어찌 맹렬히 생각을 돌리지 않는가!

以積貨財之心積學問,
以求功名之念求道德,
以愛妻子之心愛父母,
以保爵位之策保國家.
出此入彼, 念慮只差毫末,
而超凡入聖, 人品且判星淵矣!
人胡不猛然轉念哉!

【星淵】星은 하늘에 매인 것, 淵은 땅에 속한 것으로 차이가 아주 큼을 뜻함.
「天壤之差」,「霄壤之差」와 같은 말.

※《增廣賢文》(635)에「以積貨財之心積學問, 則盛德日新; 以愛妻子之心愛父母,
則孝行自篤」이라 하였다.

386(寶上-24) 立百福之基
백 가지 복의 기본을 세우는 것은

백 가지 복의 기본을 세우는 것은
다만 한 마음을 자상히 갖는 데에 있을 뿐이요,
만 가지 선한 문을 여는 것은
작은 마음을 겸손히 하여 덜어버림 만한 것이 없도다.

立百福之基,
只在一念慈祥;
開萬善之門,
無如寸心把損.

〈남악회양선사〉

【把損】손으로 떠서 덜어내듯이 줄임.

387(寶上-25) 塞得物欲之路
물욕의 길을 막을 수 있어야

물욕의 길을 막을 수 있어야
비로소 도의의 문을 개척하여 열 수 있고,
진세塵世에서 어깨를 느슨하게 할 수 있어야
바야흐로 성인의 짐을 그 어깨로 짊어질 수 있다.

塞得物欲之路,
纔堪辟道義之門;
弛得塵俗之肩,
方可挑聖賢之擔.

〈강서도일선사〉

【塞(색)】 막음.
【辟】 闢과 같음. 개척하여 펼침.
【聖賢之擔】 擔은 짊어진 짐을 뜻함. 성현이 도덕과 의를 실천하기 위하여 진 무거운 책임을 뜻함.

388(寶上-26) 融得性情上偏私
성정性情의 치우친 사사로움을

성정性情의 치우친 사사로움을 융화할 수 있는 것이
곧 하나의 큰 학문이요,
가정의 혐극嫌隙을 녹일 수 있는 것이
곧 하나의 큰 경륜經綸이다.

融得性情上偏私,
　便是一大學問;
消得家庭內嫌隙,
　便是一大經綸.

〈고령신찬선사〉

【得】得은 '할 수 있다'는 능력이나 상황의 가능성을 나타내는 말로 백화어투
　로 쓰였음.
【偏私】치우치고 이기적인 생각이나 욕심.
【嫌隙(혐극)】혐의나 틈새. 가정에서 가족을 의심하거나 미워하여 틈이 생김을
　뜻함.
【經綸】세상을 경영하여 바르게 다스리는 능력.

389(寶上-27) 功夫自難處做去者
공부를 어렵다는 것에서 시작하여

공부를 어렵다는 것에서 시작하여 해나가는 것은
마치 바람을 마주하고 노를 젓는 것과 같아
그제야 하나의 진실된 정신이 되는 것이다.
학문을 괴로움 속에서 얻어내는 것은
마치 모래를 쳐서 금을 얻는 것과 같아
비로소 이것이 하나의 진정한 소식消息이 되는 것이다.

功夫自難處做去者,
　　如逆風鼓棹,
　纔是一段眞精神;
學問自苦中得來者,
　　似披沙獲金,
　纔是一個眞消息.

〈석공혜장선사〉

【逆風鼓棹(역풍고도)】 바람을 마주하여 배를 젓는 노처럼 고통과 많은 힘을
필요로 하는 훈련.
【披沙獲金】 모래를 일어 금을 찾아내는 일.
【消息】 사라질 것은 사라지고 생겨날 것은 생겨나게 하는 본래의 이치. 쌍성어.

390(寶上-28) 執拗者

집요하게 구는 자는

집요하게 구는 자는 누리는 복이 가볍지만
원융圓融하게 하는 사람은 그 복록이 틀림없이 두터우리라.
지조가 절박한 자는 목숨이 짧지만
관후寬厚하게 구는 선비는 그 생명이 틀림없이 장구하리라.
그러므로 군자는 목숨에 대하여 말하지 않는다.
성을 잘 기르는 것이 바로 목숨을 세우는 것이기 때문이다.
역시 하늘에 대하여 말하지 않는다.
사람의 일을 다하면
스스로 하늘에 모든 것을 되돌려 줄 수 있기 때문이다.

執拗者福輕, 而圓融之人其祿必厚;
操切者壽夭, 而寬厚之士其年必長.
故君子不言命, 養性卽所以立命;
亦不言天, 盡人自可以回天.

【圓融】 원만히 하여 융합함.
【壽夭】 목숨이 짧음. 일찍 죽음.
【不言命】《論語》子罕篇에 「子罕言利與命與仁」이라 함.
【回天】 모든 것을 하늘의 이치에 되돌려 줌.

391(寶上-29) 才智英敏者
재주와 지혜가 영민한 자는

재주와 지혜가 영민한 자는
의당 학문으로써 그 조급함을 다스려야 하고,
기품과 절조가 격앙한 자는
마땅히 덕성으로써 그 치우침을 융화시켜야 한다.

才智英敏者, 宜以學問攝其躁;
氣節激昂者, 當以德性融其偏.

【攝其躁】그 성급함을 統攝함. 재주와 지혜가 뛰어난 자는 급히 굴기 때문에
학문으로 이를 통제하고 억제해야 한다고 말한 것.

392(寶上-30) 雲煙影裡現眞身
구름과 안개의 그림자 속에

구름과 안개의 그림자 속에 진신眞身을 드러내니
비로소 형해形骸라는 것이 질곡桎梏임을 깨닫게 되고,
새들이 우짖는 소리에 자성自性을 듣게 되니
바야흐로 감정과 인식이라는 것이 과모戈矛임을 알게 되도다.

雲煙影裡現眞身, 始悟形骸爲桎梏;
禽鳥聲中聞自性, 方知情識是戈矛.

【雲煙】구름과 내. 자연의 아름다운 모습.
【形骸】육신을 뜻함. 타고난 겉모습.
【桎梏】차꼬나 형틀. 枷鎖. 육신을 벗어버리지 못함을 뜻함.
【戈矛】무서운 병기. 사람을 해치는 무기.

393(寶上-31) 人欲從初起處剪除
사람이 욕심이 일어나는 초기에

사람이 욕심이 일어나는 초기에 바로 가위질하여 없애기는
곧 새로 솟아나는 꼴 풀을 즉시 잘라 없애는 것과 같아
그 공부가 아주 쉽다.
하늘의 이치가 잠깐 밝아지기 시작할 때 이를 충족시키고 넓혀주는 것은
곧 때묻은 거울을 다시 닦는 것과 같아
그 광채가 더욱 새로우리라.

人欲從初起處剪除,
便似新芻遽斬,
其工夫極易;

天理自乍明時充拓,
　　便如塵鏡復磨,
　　　其光彩更新.

【剪除(전제)】 가위로 잘라내듯이 없애버림.
【充拓】 확충하여 넓혀나감.
【塵鏡】 티끌이 묻은 거울. 제대로 비춰볼 수 없는 거울.

394(寶上-32) 一勺水便具四海水味
한 국자의 물은
곧 사해의 맛을 다 갖추고 있으니

한 국자의 물은 곧 사해의 맛을 다 갖추고 있으니
세상 법은 반드시 모두 맛보아야 하는 것은 아니다.
천 개의 강에 뜬 달은 모두가 하나의 달빛에서 나온 것이니
마음의 구슬도 이처럼 하나만 홀로 밝게 가지면 되는 것이다.

一勺水便具四海水味,
　　世法不必盡嘗;
千江月總是一輪月光,
　　心珠宜當獨朗.

【千江月】천 개의 강이라도 강마다 달이 비쳐 있음. 「月印千江」과 같은 말.
【一輪月】하나의 수레바퀴와 같은 둥근 달 하나. 보름달 하나.

395(寶上-33) 得意處
뜻을 얻은 곳에서

뜻을 얻은 곳에서 땅이 어떻고 하늘이 어떻고 하는 것은
모두가 물 속에서 달을 건져내고자 하는 것이요,
뜻이 흔들릴 때 얼음을 먹고 눈을 씹는 고통을 겪어봐야
비로소 불 속에 연꽃을 기를 수 있는 것이다.

得意處論地談天,
　俱是水底撈月;
拂意時吞氷嚙雪,
　纔爲火內栽蓮.

〈운암담성선사〉

【撈月】물 밑에 비쳐 있는 달을 건져 올림.
【吞氷嚙雪(탄빙교설)】얼음을 삼키고 눈을 씹어 먹음. 고생을 할 때 담백한 심
　정을 갖거나 그 고통을 감내함을 뜻함.

396(寶上-34) 事理
사물의 이치를

사물의 이치를 사람의 말을 통해 깨우치는 자는
깨달았다가 다시 미혹해질 수 있으니
결국 자기 자신이 깨달아 밝은 것만 못하다.
감흥의 뜻을 바깥 경우를 통해 얻는 자는
얻었다가도 다시 잃을 수가 있으니
결국 자신이 이를 얻어 휴휴休休함만 같지 못하다.

事理因人言而悟者,
　　　有悟還有迷, 總不如自悟之了了;
意興從外境而得者,
　　　有得還有失, 總不如自得之休休.

【了了】 밝고 밝음. 명확하고 명료함.
【休休】 안정되어 한가한 모습.

397(寶上-35) 情之同處卽爲性

누구나 같은 감정을 가진 것이 바로 본성이다

누구나 같은 감정을 가진 것이 바로 본성이다.
이러한 감정을 버리면 본성도 보이지 않는다.
욕심을 누구나 인정하는 것이 바로 이치이다.
이러한 욕심을 버리면 이치가 밝혀지지 않는다.
그러므로 군자는 감정을 없애지 않고
오직 일이 감정을 평온히 하는 것을 일로 삼을 뿐이며
욕심을 능히 잘라버리지 않고
오직 욕심을 줄이는 것을 기약할 뿐이다.

情之同處卽爲性,
舍情則性不可見;
欲之公處卽爲理,
舍欲則理不可明.
故君子不能滅情,
惟事平情而已;
不能絶欲,
惟期寡欲而已.

〈향암지한선사〉

【情】사물을 보고 감지하는 느낌.
【性】천성. 하늘로부터 품부받은 本然之性.

398(寶上-36) 欲遇變而無倉忙
욕망이 변화를 만나도

욕망이 변화를 만나도 창망히 굴지 말라.
모름지기 평소 생각하고 생각했던 대로
이를 안정되게 지켜내는 것을 방향으로 삼아라.
욕심이 사망에 임하여도 탐하거나 연연해하지 말라.
모름지기 살아 있을 때의 일마다 가볍게 보았던 것을 방향으로 삼아라.

欲遇變而無倉忙,
須向常時念念守得定;
欲臨死而無貪戀,
須向生時事事看得輕.

【倉忙】 급히 굴어 서두름. 첩운어.
【貪戀】 탐욕을 부리며 연연해함. 삶에 대한 욕구를 과감히 떨쳐버리지 못함.

※《增廣賢文》(576)에 「欲臨死而無挂碍, 先在生時事事看得輕; 欲遇變而無倉忙, 須向常時念念守得定」이라 하였다.

399(寶上-37) 一念過差
하나의 생각에 과실이나 착오가 있어도

하나의 생각에 과실이나 착오가 있어도
족히 평소의 선을 상실할 수 있다.
종신토록 점검하고 다스려도 한 가지 허물된 일을 덮기 어렵다.
오경五更쯤에 잠자리에서 마음과 몸을 첨감忝勘하여
기氣가 아직 움직이지 않고 감정이 아직 싹이 트지 않아야
비로소 본래의 면목을 볼 수 있는 것이다.
삼시三時의 밥을 먹는 중에도 세상의 맛을 알고 단련하여
짙은 맛에도 즐거워하지 아니하고 담박한 맛도 싫어하지 않아야
비로소 절실한 공부工夫가 되는 것이다.

一念過差, 足喪生平之善;
終身檢飭, 難蓋一事之愆.
　　　從五更枕席上忝勘心體,
氣未動, 情未萌, 纔見本來面目;
　　　向三時飲食中諳練世味,
濃不欣, 淡不厭, 方爲切實工夫.

【蓋】동사. '덮다'의 뜻.
【檢飭(검칙)】점검하여 살핌.
【五更】한밤중. 오경은 구체적으로 새벽 4시경.

【三時】 하루 세 끼의 식사.

【丕勘(첨감)】 정신을 집중하여 잘 다스림. 첩운어.

※ 다른 판본에는 모두 "從五更"이하를 별개의 장으로 나누고 있다. 오히려 타당할 듯하다.

而無貪戀須向生時事事看得輕

一念過差足喪生平之善終身檢飭難蓋一事之
慾

從五更枕席上泰勘心體氣未動情未萌纔見本
來面目向三時飲食中諳練世味濃不欣淡不厭
方為切實工夫

應酬

操存要有真宰無真宰則遇事便倒何以植頂天
菜根譚一

立地之砥柱應用要有圓機無圓機則觸物有礙
何以成旋乾轉坤之經綸

士君子之涉世待人不可輕為喜怒喜怒輕則心
腹肝膽皆為人所窺於物不可重為愛憎愛憎重
則意氣精神悉為物所制

倚高才而玩世背後須防射影之蟲飾厚貌以欺
人面前恐有照膽之鏡

心體澄徹常在明鏡止水之中則天下自無可厭

《채근담》乾隆本(1794) 應酬篇

情之同處卽為性舍情則性不可欲見之公處卽為
理舍欲則理不可明故君子不能滅情惟事平情而
己不能絕欲惟期募慾而

欲遇變而無倉卒須向常時念念守得定欲臨死而
無貪戀須向生時事事看得輕

一念過差足喪生平之善終身檢飭難蓋一事之慾

從五更枕席上泰勘心體氣未動情未萌纔見本來
面目向三時飲食中諳練世味濃不欣淡不厭方為
切實工夫

應酬

操存要有真宰無真宰則遇事便倒何以植頂天立
地之砥柱應用要有圓機無圓機則觸物有礙何以
成旋乾轉坤之經綸

士君子之涉世於人不可輕為喜怒喜怒輕則心腹
肝膽皆為人所窺於物不可重為愛憎愛憎重則意
氣精神悉為物所制

倚高才而玩世背後須防射影之蟲飾厚貌以欺人
而前恐有照膽之鏡

心體瀅徹常在明鏡止水之中則天下自無可厭

事意氣和平常在麗日光風之內則天下自無可惡

《채근담》光緒本(1875) 應酬篇

400(寶上-38) 操存要有眞宰
조존操存에는 진정한 주재자가 있어야 한다

조존操存에는 진정한 주재자가 있어야 한다.
진정한 주재자가 없으면 만나는 일마다 곧 고꾸라지고 만다.
그러니 어찌 하늘을 머리에 이고 땅을 발로 딛고 서는
지주砥柱를 세울 수 있겠는가?
응용應用에는 원만한 기틀이 있어야 한다.
원만한 기틀이 없으면 만나는 물건마다 장애가 있게 된다.
그러니 어찌 건곤乾坤을 되돌리는 경륜經綸을 성취할 수 있겠는가?

操存要有眞宰,
無眞宰則遇事便倒,
何以植頂天立地之砥柱?
應用要有圓機,
無圓機則觸物有碍,
何以成旋乾轉坤之經綸?

〈복우산자재선사〉

【操存】 자기 자신을 조종하고 존재시킴.
【眞宰】 참 주재자. 자신을 다스리는 주재자.
【砥柱】 하늘과 땅을 떠받치고 있는 물 속의 기둥. 黃河 중류(河南省 陝州) 물 가
운데에 있는 돌기둥으로 위가 판판하여 숫돌과 같으며 격랑에 견디는 모습을
흔히 절개를 지키는 선비에 비유함.
【圓機】 원만하여 어디에나 적용이 되는 기틀. 天機.

401(寶上-39) 士君子之涉世
사군자가 세상을 건너면서

사군자가 세상을 건너면서
남에게 가볍게 기쁨과 노함을 보여서는 안 된다.
기쁨과 노여움이 가벼우면
심복과 간담이 모두가 남의 엿보는 대상이 되고 만다.
물건에게는 애증을 무겁게 가져서는 안 된다.
애증을 무겁게 가지면 의기와 정신이 모두 물건의 제약을 받게 된다.

士君子之涉世:

於人不可輕爲喜怒,

喜怒輕則心腹肝膽皆爲人所窺;

於物不可重爲愛憎,

愛憎重則意氣精神悉爲物所制.

【肝膽】간과 쓸개. 사람의 감정 중 喜怒를 담당한다고 믿었음.

402(寶上-40) 倚高才而玩世

높은 재주에 기대어
세상을 즐기고 있다면

높은 재주에 기대어 세상을 즐기고 있다면
모름지기 등 뒤에서 그림자를 쏘는 벌레를 방비하라.
잘난 생김새를 꾸며 남을 속이고 있다면
눈앞에 내 쓸개를 비추는 거울이 있음을 두려워하라.

倚高才而玩世,
背後須防射影之蟲;
飾厚貌以欺人,
面前恐有照膽之鏡.

〈동선량개선사〉

【玩世】 세상을 완유물로 여김.
【射影之蟲】 그림자나 물에 비친 모습을 보고 이를 쏘아 다치게 하는 벌레. 흔히 沙蝨(射蝨)이라는 물 독충을 말함.

403(寶上-41) 心體澄徹
마음과 몸이 징철澄徹하여

마음과 몸이 징철澄徹하여
항상 명경지수明鏡止水 가운데에 있으면
천하에 싫어할 일이란 없게 되고,
의기가 화평하여
항상 여일광풍麗日光風 안에 있으면
천하에 가히 미워할 사람이란 없게 된다.

心體澄徹,
常在明鏡止水之中,
則天下自無可厭之事;
意氣和平,
常在麗日光風之內,
則天下自無可惡之人.

益州無住禪師

〈익주무주선사〉

【澄徹】 지극히 맑음.
【明鏡止水】 맑은 거울과 고요한 물. 불가에서 흔히 가식, 잡념, 허욕이 없는 마
　음을 비유하여 이르는 말.
【麗日光風】 아주 아름다운 자연 세계. 평온하여 맑고 밝은 세상의 자연 속.

404(寶上-42) 當是非邪正之交
시비와 사정邪正이 교차됨을 당하여는

시비와 사정邪正이 교차됨을 당하여는
조금이라도 자리를 옮겨 앉아서는 안 된다.
조금이라도 옮겨 앉았다가는
그릇됨에서 바른 곳으로 가는 길을 잃게 된다.
이해와 득실의 만남에 마주쳐서는
너무 구분이 분명해서는 안 된다.
너무 분명히 하였다가는
이를 피하여 사사로움으로 내달리려는 생각이 솟게 된다.

當是非邪正之交,
　　不可少遷就,
少遷就則失從違之正;
　　值利害得失之會,
　　　不可太分明,
太分明則起趨避之私.

〈대주혜해선사〉

【遷就】 옮김. 본래의 의지를 바꿈.
【趨避】 달아나 피함.

405(寶上-43) 蒼蠅附驥
파리가 천리마에 붙으면

파리가 천리마에 붙으면 빠르기는 빠르지만
그 후의 수치는 사양하기 어렵다.
조라蔦蘿풀이 소나무에 의지하면 높이 자라는 대로 높을 수 있지만
남을 우러러 타고 오른다는 수치는 면할 수 없다.
따라서 군자는 차라리 바람과 서리를 자신이 끼고 있을지언정,
물고기나 새가 사람을 의지하여 살겠다고 친해오는 것처럼 해서는 안 된다.

蒼蠅附驥, 捷則捷矣, 難辭處後之羞;

蔦蘿依松, 高則高矣, 未免仰攀之耻.

所以君子寧以風霜自挾, 毋爲魚鳥親人.

【蒼蠅附驥(창승부기)】蒼蠅은 파리. 驥는 천리마를 뜻함. 파리가 천리마에 붙어
앉으면 천리를 갈 수 있음. 司馬遷의《史記》伯夷列傳에「附驥尾而行益顯」
이라 하고 索隱에「蒼蠅附驥尾而致千里」라 함.
【蔦蘿(조라)】蔦는 메꽃과에 속하는 일종의 넝쿨식물로 소나무를 타고 올라감.
蘿는 女蘿라는 더부살이 넝쿨식물.《詩經》小雅 頍弁에「蔦與女蘿, 施于
松柏」이라 함.
【仰攀(앙반)】자신의 의지로 살지 못하고 남을 우러러 이를 의지하여 잡고
올라감을 뜻함.`
【魚鳥親人】물고기나 새가 먹이를 주는 사람을 따름. 사람의 먹이를 의지
하지 않고 자연대로 살아야 함을 뜻함.

406(寶上-44) 好醜心太明

좋다 추하다 하는 심정을

좋다 추하다 하는 심정을 너무 뚜렷하게 밝히면
물건이 마음을 합해오지 않으며,
어질고 어리석음에 대한 마음을 너무 명백하게 하면
사람이 친해오지 않는다.
사군자는 모름지기 안으로는 정확하고 명백하되
밖으로는 혼후하고 후덕하게 하여
좋다 추하다의 두 가지가 서로 공평하게 해야 하며
어질다 어리석다가 함께 그 이익을 받도록 하여야
비로소 이것이 생성生成의 덕량德量이 되는 것이니라.

好醜心太明, 則物不契;
賢愚心太明, 則人不親.
士君子須是內精明, 而外渾厚,
使好醜兩得其平, 賢愚共受其益,
纔是生成的德量.

【渾厚】 널리 후덕하게 함. 쌍성어.
【生成】 생겨나게 하고 이루어줌.
【德量】 덕과 아량. 넓은 덕과 큰 도량.

407(寶上-45) 伺察以爲明者

남을 몰래 살피는 것을

남을 몰래 살피는 것을 명철한 것으로 여기는 자는
항상 그 명철함으로 인해 어두움이 생겨난다.
그러므로 군자는 염담으로써 지혜를 기르느니라.
빠른 것을 대비함을 속력으로 여기는 자는
흔히 그 속력으로 인하여 느림에 얽매이고 만다.
그러므로 군자는 무거운 것으로써 가벼움을 지속시키느니라.

伺察以爲明者,
常因明而生暗,
故君子以恬養智;
備迅以爲速者,
多因速而致遲,
故君子以重持輕.

〈풍우선〉

408(寶上-46) 士君子濟人利物
사군자가 사람을 구제하고

사군자가 사람을 구제하고 사물을 이롭게 함에는
의당 그 실질에 거해야지 명분에 거해서는 아니 된다.
명분에 거하게 되면 덕이 손상된다.
사대부가 나라를 근심하고 백성을 위함에는
마땅히 그 마음으로 해야지 그 말로 해서는 아니 된다.
말로만 하게 되면 헐뜯음이 찾아온다.

士君子濟人利物, 宜居其實,
　　不宜居其名. 居其名則德損;
士大夫憂國爲民, 當有其心,
　　不當有其語, 有其語則毁來.

【濟人利物】 사람을 구제하고 만물을 이롭게 함.

409(寶上-47) 遇大事
큰 일을 만나야

큰 일을 만나야 긍지를 가지는 자는
작은 일에 틀림없이 흐트러지거나 해이해지고 말 것이다.
밝은 뜰에 남이 보도록 자신을 검속하는 자는
암실에서는 틀림없이 방탕하거나 풀어지고 말 것이다.
군자는 단지 머리부터 바닥까지를 하나의 생각으로 지속할 뿐이어서,
자연히 작은 일에 임하여도 큰 적을 상대하듯 하고,
밀실에 앉았어도 마치 큰 사거리에 앉아 있듯이 하게 된다.

遇大事矜持者, 小事必縱弛;
處明庭檢飭者, 暗室必放逸.
君子只是一個念頭持到底,
自然臨小事如臨大敵,
坐密室若坐通衢.

【縱弛】 방종하여 해이해짐.
【檢飭】 검속하고 다스려 바로잡음.
【通衢】 사방이 모두 통하는 사거리. 공개된 장소를 뜻함.

410(寶上-48) 使人有面前之譽

　　사람으로 하여금

　　자신의 면전에서 칭찬하게 하는 것은

사람으로 하여금 자신의 면전에서 칭찬하게 하는 것은

그로 하여금 등 뒤에서 헐뜯도록 하느니만 못하다.

사람으로 하여금 잠깐 사귀는 즐거움을 갖게 하는 것은

그로 하여금 오래 사귀어도 싫증을 내지 않도록 함만 같지 못하다.

使人有面前之譽,

不若使其無背後之毀;

使人有乍交之歡,

不若使其無久處之厭.

〈자옥산도통선사〉

【乍交(사교)】 잠깐의 사귐. 아주 짧은 사이의 사귐.

411(寶上-49) 善啓迪人心者
남의 마음을 잘 열어

남의 마음을 잘 열어 이끌어주는 자는
마땅히 그의 명석한 바를 근거로 점차 통하도록 해야지,
그의 막힌 바를 억지로 열려 해서는 안 된다.
풍속과 교화를 잘 고쳐주는 자는
의당 그 쉬운 바에 근거하여 점차 이를 되돌리도록 해야지
그 어려운 바를 가벼이 바로잡으려 해서는 안 된다.

善啓迪人心者,
當因其所明而漸通之.
毋强開其所閉;
善移易風化者,
當因其所易而漸反之,
毋輕矯其所難.

〈한산자〉

【啓迪(계적)】 열어서 나감. 계몽시켜 이끌어줌.

412(寶上-50) 彩筆描空
채색 물감의 붓으로

채색 물감의 붓으로 허공을 그어도
붓은 물감을 칠할 수 없고 허공도 물감이 들지 않는다.
날카로운 칼로 물을 베어도
칼은 날이 부서지거나 무디어지지 않고 물도 역시 흔적을 남기지 않는다.
이러한 뜻을 터득하여 이 육신을 지닌 채 세상을 건너다보면
감정과 반응이 모두 적합하며 마음과 외경도 함께 잊혀지느니라.

彩筆描空, 筆不落色而空亦不受染;
利刀割水, 刀不損鍔而水亦不留痕.
得此意以持身涉世,
感與應俱適,
心與境兩忘矣.

【筆不落色】붓의 물감이 착색되지 않음.
【刀不損鍔(도불손악)】칼날이 닳거나 훼손되지 않음.

413(寶上-51) 己之情欲不可縱
자신의 정욕은
방종하게 풀어놓아서는 안 된다

자신의 정욕은 방종하게 풀어놓아서는 안 된다.
의당 이를 거역하는 법을 사용하여 억제해야 한다.
그 방법은 오직 참을 인忍자에 있을 뿐이다.
남의 정욕은 이를 흔들어서는 안 된다.
마땅히 이를 순접하는 법을 써서 조절해야 한다.
그 방법은 오직 용서할 서恕자에 있을 뿐이다.
오늘날의 사람들은 모두 서恕자는 자신의 경우에 맞추고
인忍자는 남을 제압하는 데에 쓰고 있으니
그래서는 안 되는 일이 아니겠는가?

己之情欲不可縱,
當用逆之之法以制之,
其道只在一忍字;
人之情欲不可拂,
當用順之之法以調之,
其道只在一恕字.
今人皆恕以適己,
而忍以制人,
毋乃不可乎!

〈자옥산도통선사〉

【恕】남을 용서함.《論語》里仁篇에「夫子之道, 忠恕而已矣」라 함.

414(寶上-52) 好察非明
살피기를 잘하는 것이

살피기를 잘하는 것이 명明이 아니다.
능히 살피기도 하고 능히 살피지 못하기도 하는 것을 일러 명이라 한다.
꼭 이겨내는 것이 용勇이 아니다.
능히 이기기도 하고 능히 이기지 못하기도 하는 것을 일러 용이라 한다.

好察非明,
能察能不察之謂明;
必勝非勇,
能勝能不勝之謂勇.

〈습득자〉

【明】밝음. 명철함. 명석함.
【勇】용맹. 용기.

415(寶上-53) 隨時之內善救時
때를 따르는 속에서

때를 따르는 속에서 그 때를 잘 구救함은
마치 온화한 바람이 심한 더위를 녹이는 것과 같다.
세속에 뒤섞인 가운데에 능히 세속을 벗어남은
마치 담담한 달이 가벼운 구름을 비추는 것과 같다.

隨時之內善救時, 若和風之消酷暑;
混俗之中能脫俗, 似淡月之映輕雲.

416(寶上-54) 思入世而有爲者
세상에 들어가
어떤 뜻 있는 일을 하고자

세상에 들어가 어떤 뜻 있는 일을 하고자 생각하는 자는
모름지기 먼저 세상 밖의 풍광을 깨달아야 한다.
그렇게 하지 않으면 때묻고 탁한 속세의 인연을 벗어날 수가 없다.
세상을 떠나 물들지 않기를 생각하는 자는
모름지기 먼저 세상 속의 재미를 모두 알아차려야 한다.
그렇게 하지 않으면 공적空寂의 괴로운 취향을 지속할 수 없다.

思入世而有爲者,
須先領得世外風光,
否則無以脫垢濁之塵緣;
思出世而無染者,
須先諳盡世中滋味,
否則無以持空寂之苦趣.

【入世】 세상에 들어가 업적을 쌓으려는 욕망.
【垢濁】 때묻고 탁함.
【塵緣】 塵世(俗世)와의 인연.
【出世】 入世와 상대되는 말로 세상을 등지고 고고하게 자연을 즐기며 살고자
하는 의지.
【空寂】 모든 것을 비워 고요함.
【苦趣】 힘들지만 오히려 즐길 만한 일취.

417(寶上-55) 與人者
남과 더불어 하는 자는

남과 더불어 함께 하는 자는
차라리 그 마침에 쉽고 소홀하기보다는
시작에 친하기가 어렵다고 여기는 편이 낫다.
일을 다스리는 자는
차라리 뒤에 공교함을 지키느니보다는
앞을 졸拙한 채로 지키는 편이 낫다.

與人者, 與其易疎於終,
　　　不若難親於始;
御事者, 與其巧持於後,
　　　不若拙守於前.

418(寶上-56) 酷烈之禍
　　혹렬한 재앙은

혹렬한 재앙은 흔히 세상을 즐기며 경홀히 하는 사람에게 나타난다.
풍성한 공은 항상 작은 일이라 가볍게 여겼던 일에서 실패를 맛보게 된다.
그러므로 속담에 이렇게 말하였다.
"사람마다 다 좋다고 해도 한 사람이 고뇌하는 경우를 방비할 것이며,
일마다 모두 성공한다 해도 한 가지 일을 끝내지 못할 경우를 방비하라."

酷烈之禍, 多起於玩忽之人;
盛滿之功, 常敗於細微之事.
　故語云:
　　　「人人道好, 須防一人著惱;
　　　　事事有功, 須防一事不終.」

【玩忽】즐기기만 할 뿐 세밀하지 못함. 소홀함.

【人人道好】道는 '말하다'의 동사.

【著惱(저뇌)】고뇌를 드러냄.

※《增廣賢文》(500)에 「事事有功, 須防一事不終; 人人道好, 須防一人著惱」라 하였다.

419(寶上-57) 功名富貴
공명과 부귀는

공명과 부귀는
곧바로 그것이 멸할 곳에서 그 궁극을 관찰하면
탐욕과 연연함이 저절로 가벼워진다.
횡역과 곤궁은
곧바로 그것이 일어나는 곳에서 유래를 궁구하면
원망과 탓함이 저절로 사라진다.

功名富貴,
直從滅處觀究竟,
則貪戀自輕;
橫逆困窮,
直從起處窮由來,
則怨尤自息.

〈지공화상〉

【滅處】 세상 모든 것은 사라져 없어짐. 없어지는 그곳이나 그 시점.

【貪戀】 탐욕과 미련.

【怨尤】 원망과 탓함. 운명을 원망하고 사람을 탓하는 일.

※《增廣賢文》(025)에는 「橫逆困窮, 直從起處討由來, 則怨尤自息; 功名富貴, 還向滅時觀究竟, 則貪戀自輕」이라 하여 전후 구절이 도치되어 있다.

420(實上-58) 宇宙內事
우주 안의 일은

우주 안의 일은 힘을 다해 담당하라.
그리고 선을 다해 이를 벗어나라.
담당하지 아니하면 경세의 사업이 없게 되고,
벗어나지 아니하면 출세의 금기襟期가 없게 된다.

宇宙內事要力擔當,
　　又要善擺脫.
不擔當則無經世之事業;
不擺脫則無出世之襟期.

【襟期(금기)】 늘 품고 있어야 할 기약. 기대.

〈조과선사〉

421(寶上-59) 待人
사람을 대접함에

사람을 대접함에 남음이 있고 다함이 없는 은례恩禮를 남겨두면
싫증이 없는 사람의 마음을 묶어둘 수 있다.
일을 다스림에 남음이 있고 다함이 없는 재지才智를 남겨두면
뜻밖의 사변을 막을 수 있다.

待人而留有餘不盡之恩禮,
　則可以維繫無厭之人心;
御事而留有餘不盡之才智,
　則可以提防不測之事變.

〈배도화상〉

【維繫(유집)】실로 묶어 떨어지지 않음.
【提防】드러내어 이를 방비함.

422(寶上-60) 了心自了事
마음을 명료히 하면

마음을 명료히 하면 저절로 일을 명료하게 할 수 있으니
마치 뿌리가 뽑히면 풀이 죽고마는 것과 같다.

세상을 도망해도 이름은 도망할 수 없으니
마치 비린내가 있으면 파리 떼가 모여드는 것과 같다.

了心自了事, 猶根拔而草不生;

逃世不逃名, 似膻存而蚋仍集.

【了】瞭와 같음. '밝다, 명료하다'의 뜻.
【膻】육류의 비린내. 羶과 같음.
【蚋(예)】蜹와 같음. 파리.

423(寶上-61) 仇邊之弩
원수 곁에 있는 큰 활은

원수 곁에 있는 큰 활은 피하기 쉽지만
은혜 안에 있는 창은 방비하기 어렵다.
괴로울 때의 구덩이는 빠져나오기 쉽지만
즐거움 안의 함정은 벗어나기 어렵다.

仇邊之弩易避,

而恩裡之戈難防;

苦時之坎易逃,

而樂處之阱難脫.

【弩(노)】큰 활.
【坎(감)】구덩이.

424(寶上-62) 羶穢則蠅蚋叢嘬
비린내와 더러운 냄새에는

비린내와 더러운 냄새에는 파리떼가 모여 이를 빨아먹고,
꽃다운 향내에는 벌과 나비가 차례로 침범한다.
그러므로 군자는 더러운 업을 짓지도 아니하며
역시 꽃다운 이름도 세우지 아니한다.
단지 원기元氣가 혼연하여 규각圭角을 드러내지 아니하며
곧 자신의 육신을 지닌 채 세상을 건너면서
이를 하나의 안락한 움집으로 여길 뿐이다.

羶穢則蠅蚋叢嘬,
芳馨則蜂蝶交侵.
故君子不作垢業,
亦不立芳名,
只是元氣渾然, 圭角不露,
便是持身涉世, 一安樂窩也.

【羶穢(전예)】 육류의 비린내와 더러움. 다른 판본에는 '膻穢'로 되어 있다.

【嘬(최)】 파리 등이 빨아먹음.

【元氣】 천지 만물에 두루 퍼져 만물 성장의 근본이 되는 정기. 활동의 근원이 되는 기력.

【圭角】 圭의 뾰죽한 끝 부분. 흔히 사물이나 뜻이 서로 맞지 않음을 뜻함.

【窩】 움집. 허술하나 안락하게 여기는 안식처.

425(寶上-63) 從靜中觀物動
고요한 가운데에서
만물의 움직임을 관찰하고

고요한 가운데에서 만물의 움직임을 관찰하고,
한가한 곳에서 사람의 바쁨을 바라보아야
비로소 티끌 속세를 초탈하는 멋진 맛을 얻을 수 있다.
바쁜 가운데 한가함을 얻어내고,
시끄러움 속에 처했으면서도 고요함을 능히 취할 수 있어야
이것이 곧 안신입명安身立命의 공부인 것이다.

布袋和尙

從靜中觀物動,
向閑處看人忙,
纔得超塵脫俗的趣味;
遇忙處會偷閑,
處鬧中能取靜,
便是安身立命的工夫.

〈포대화상〉

【超塵脫俗】塵俗을 초탈함.

【趣味】逸趣로 여기는 맛이나 정서.

【偸閑(투한)】바쁜 중에 틈을 찾음.

【鬧(뇨)】시끄럽고 와자지껄한 상태. 흔히 백화어로 '熱鬧'라는 어휘로 널리 쓰임.

【安身立命】몸을 편히 하고 명을 바르게 세움. 北宋 道原의 《景德傳燈錄》
景岑禪師에 「僧問: "學人不據地如何?"師云: "汝向什麼處安身立命?"」이라
하였다.

※《增廣賢文》(259)에 「靜中觀物動, 閑處看人忙, 纔得超塵脫俗的趣味; 忙處會
偸閑, 閑中能取靜, 便是安身立命的功夫」라 하였다.

426(寶上-64) 邀千百人之歡
천 명 백 명으로부터

천 명 백 명으로부터 기쁨을 다 받아보는 것은
단 한 사람의 원망을 풀어주느니만 못하고,
천 가지 백 가지 영화를 갈구하는 것은
단 한 가지 일에도 추하다는 평판을 면하느니만 못한 것이다.

邀千百人之歡,
不如釋一人之怨;
希千百事之榮,
不如免一事之醜.

〈혜원선사〉

【邀(요)】맞이함. 요구함.

427(寶上-65) 落落者難合
낙락落落한 자는 합하기도 어렵고

낙락落落한 자는 합하기도 어렵고 갈라서기도 어렵다.
흔흔欣欣한 자는 쉽게 친하지만 역시 쉽게 흩어진다.
이 까닭으로 군자는 차라리 강하고 방정하여 꺼리게 보여야지
예쁨과 즐거움으로 용납을 취하는 대상이 되어서는 안 된다.

落落者難合亦難分,
欣欣者易親亦易散.
是以君子寧以剛方見憚,
毋以媚悅取容.

【落落】 작은 일에 얽매이지 아니하고 대범함을 뜻함.
【欣欣】 하찮은 일에 곧 기쁨을 느끼는 감정.
【媚悅(미열)】 예쁘게 여기고 즐겁게 받아줌.

※《增廣賢文》(593)에 「難合亦難分, 易親亦易散」이라 하였다.

428(寶上-66) 意氣與天下相期
자신의 의기를 천하와 기약함은

자신의 의기를 천하와 기약함은
마치 봄바람이 온갖 만물을 고창鼓暢함과 같으니
반만큼의 격애隔閡의 모습을 가져서는 안 된다.
간담을 천하와 함께 비추고자 함은
마치 가을달이 여러 만물에 통철洞徹함과 같으니
터럭만큼의 애매曖昧한 모습을 지어서는 안 된다.

意氣與天下相期,
如春風之鼓暢庶類,
不宜存半點隔閡之形;
肝膽與天下相照,
似秋月之洞徹群品,
不可作一毫曖昧之狀.

〈축도생〉

【庶類】 세상 만물. 온갖 물건.
【隔閡(격애)】 서로 막혀 통하지 못함.
【肝膽相照】 서로 진심을 털어놓고 사귐.

429(寶上-67) 仕途雖赫奕
벼슬길은 비록 빛나고 화려하지만

벼슬길은 비록 빛나고 화려하지만
항상 자연의 풍미風味를 떠올린다면
권세에 대한 생각이 저절로 가벼워질 것이다.
세상 길은 비록 빛나고 화려하지만
항상 자연의 광영光影을 떠올린다면
이욕利欲에 대한 마음이 저절로 담담해질 것이다.

仕途雖赫奕,
常思林下的風味,
則權勢之念自輕;
世途雖紛華,
常思泉下的光影,
則利欲之心自淡.

〈불도징〉

【仕途】 벼슬길. 관직의 화려한 길.
【赫奕(혁혁)】 빛나고 밝아 남이 부러워함.
【林下】 자연을 벗삼아 고요함을 즐기는 일취. 다음 구절의 泉下와 같은 뜻임.
【紛華】 번화하고 화려함.

430(寶上-68) 鴻未至
기러기가 아직 나타나지 않았는데

기러기가 아직 나타나지 않았는데 먼저 활을 어루만지고
토끼가 이미 사라졌는데 다시 사냥개를 부른다면
모두가 그 기회에 맞는 작용은 아니로다.
바람이 그쳤을 때 물결 일으키기를 그치고
언덕에 도착하자마자 배를 떠나버린다면
이것이 비로소 손을 이해하는 공부로다.

鴻未至, 先援弓,

兔已亡, 再呼犬,

　總非當機作用;

風息時, 休起浪,

岸到處, 便離船,

　纔是了手工夫.

〈용담숭신선사〉

【了手工夫】손으로 조작된 모든 기계의 편리함을 이해하되 이를 과감히 버리는 공
부. 공부는 송대 이후 쓰이던 백화어로 '어떤 일에 깊이 훈련을 쌓고 정진하다'
의 뜻.

※《增廣賢文》(312)에「風息時, 休起浪; 岸到處, 便離船」이라 하였다.

431(寶上-69) 從熱鬧場中
왁자지껄한 장중에서

왁자지껄한 장중에서
몇 마디 청랭한 언어를 뱉어낸다면
이는 곧 무한한 살기殺機를 쓸어 없애는 것이요,
한미寒微한 길에서
한 점의 붉고 뜨거운 심장을 사용한다면
이는 스스로 허다한 생의生意를 심어 배양하는 것이다.

從熱鬧場中,
出幾句清冷言語,
便掃除無限殺機;
向寒微路上,
用一點赤熱心腸,
自培植許多生意.

〈항마선사〉

【熱鬧】白話語로 매우 번화하고 왁자지껄한 모습을 뜻함.
【殺機】죽이는 기틀이나 힘, 작용.
【生意】殺機에 상대되는 뜻으로 세상 만물을 살리는 작용이나 의지.

※《增廣賢文》(539)에 「爭鬪場中, 出幾句清冷言語, 便掃除無限殺機; 寒微路上, 用
一片赤熱心腸, 遂培植許多生意」라 하였으며, 청대 金纓의 《格言聯璧》
惠吉類(538)에는 「從熱鬧場中, 出幾句清冷言語, 便掃除無限殺機; 向寒微路上,
用一點赤熱心腸, 自培植許多生意」라 하여 전재되어 있다.

432(寶上-70) 隨緣
인연을 따르는 것이

인연을 따르는 것이 바로 인연을 떠나보내는 것이니,
이는 마치 춤추는 나비와 흩날리는 꽃이 함께 만나는 것과 같은 것이요,
일에 따르는 것이 자연히 일을 없애는 것이니,
이는 마치 만월이 대야의 물과 함께 둥그런 모습을 이루는 것과 같다.

隨緣便是遣緣,
似舞蝶與飛花共適;
順事自然無事,
若滿月偕盂水同圓.

【遣緣】隨緣(인연에 따름)에 상대되는 말. 인연을 떠나보냄.
【盂水(우수)】盂는 둥그런 대야. 이 물에 달이 둥그렇게 비쳐 들어앉음.

433(寶上-71) 淡泊之守
담박淡泊함을 지킴은

담박淡泊함을 지킴은
모름지기 농염濃艶한 곳에서 이를 시험받아 나와야 한다.

진정鎭定에 대한 절조는
도리어 분운紛紜한 경우에서 견뎌내어 통과해야 한다.
그렇게 하지 않으면 절조와 지킴이 고정되지 못하고
응용이 원만하지 못하여 한 번 기회에 임하여 단壇에 오른 것으로
상품의 선사禪師가 일개 하품의 속사俗士가 되지나 않을까 두렵도다.

淡泊之守, 須從濃艷場中試來;
鎭定之操, 還向紛紜境上勘過.
不然操持未定,
應用未圓, 恐一臨機登壇,
而上品禪師, 又成一下品俗士矣.

【濃艶】 정도가 지나치게 짙거나 아름다움. 즐김에 대한 감정이 지나침.
【臨機登壇】 한번 기회가 되어 단에 올라 설법을 하는 승려를 비유함.

434(寶上-72) 廉所以戒貪
청렴함이란

청렴함이란 탐욕을 경계하기 위한 것이다.
내가 과연 탐욕이 없다면
다시 어찌 하필 하나의 청렴이라는 이름을 표방하여
탐욕스런 사나이의 눈살 찌푸리는 일을 초래할 필요가 있겠는가?

겸양이란 다툼을 경계하기 위한 것이다.
내가 과연 다툼이 없다면
다시 어찌 하필 겸양이라는 과녁을 세워
포악한 손님의 화살 당김을 불러올 필요가 있겠는가?

廉所以戒貪,
　我果不貪,
又何必標一廉名,
以來貪夫之側目?
　讓所以戒爭,
　我果不爭,
又何必立一讓的,
以致暴客之彎弓?

俱胝和尙

〈구지화상〉

【側目】곁눈질하며 못마땅하게 여김.
【讓的】겸양이라는 개념의 과녁. 的은 과녁을 뜻함.
【彎弓(만궁)】활을 당겨 쏘고자 함.

435(寶上-73) 無事
일이 없을 때는

일이 없을 때는 항상 일이 있을 때를 방비하여야
비로소 의외의 변고를 막을 수 있다.
일이 있을 때는 항상 일이 없을 때를 진정시켜야
바야흐로 국면의 위기를 사라지게 할 수 있다.

無事, 常如有事時提防,

　　纔可以彌意外之變;

有事, 常如無事時鎮定,

　　方可以消局中之危.

【提防】 隄防과 같음. 방비함, 막음.
【纔(재)】 才와 같음. 부사로 '겨우 ~해야'의 뜻.
【彌(미)】 '弭'와 같음. '막다'의 뜻.
【局中之危】 어떠한 상황 속에 숨어 있는 위험.

※《增廣賢文》(202)에 「無事常如有事時提防, 纔可以彌意外之變; 有事常如無事時
鎮定, 纔可以消局中之危」라 하였다.

436(寶上-74) 處世
세상에 처하면서

세상에 처하면서 남이 감사히 여기고 은혜를 여기기를 바라는 것은
곧 원한을 끌어 모으는 길을 만드는 것이요,
일을 만나 남을 위하여 해를 제거해 주는 것은
곧 이익을 인도하는 기틀이 되는 것이다.

處世而欲人感恩,
　便爲斂怨之道;
遇事而爲人除害,
　卽是導利之機.

437(寶上-75) 持身如泰山九鼎
몸가짐을 태산이나 구정九鼎처럼 하여

몸가짐을 태산이나 구정九鼎처럼 하여
응연凝然히 움직이지 않는다면 허물과 탓이 저절로 적어질 것이요,
일에 응하여 흐르는 물 떨어지는 꽃잎처럼 하여
유연悠然히 떠나버린다면 취미가 언제나 많게 될 것이다.

持身如泰山九鼎,

　　凝然不動, 則愆尤自少;

應事若流水落花,

　　悠然而逝, 則趣味常多.

【泰山九鼎】태산과 구정은 그 든든함이 견고하여 옮길 수 없음. 九鼎은 고대
　나라를 상징하는 9개의 三足兩耳의 큰 솥으로《戰國策》東周策에 "이를
　옮기려면 구구팔십일, 팔십일만 명이 필요하다"라 하였음.
【愆尤(건우)】허물과 탓.
【流水落花】흐르는 물과 떨어지는 꽃. 자연 현상을 뜻함.

438(寶上-76) 君子嚴如介石
군자가 엄하기가 개석介石과 같으면

군자가 엄하기가 개석介石과 같으면
그와 친하기 어려움을 두려워하게 된다.
그래서 명주를 괴물로 여기지 않는 자가 드물어,
칼을 만지는 마음을 일으키게 된다.
소인은 미끄럽기가 기름과 같아
그와 쉽게 합하기를 즐겨한다.
그래서 독석獨螫을 달콤한 엿인 줄 여기지 않는 자가 드물어,
손가락을 담궈 이를 찍어먹으려는 욕구에 방종하게 된다.

君子嚴如介石,
　而畏其難親,
鮮不以明珠爲怪物,
　而起按劍之心;
　小人滑如脂膏,
　而喜其易合,
鮮不以毒螫爲甘飴,
　而縱染指之欲.

〈약산유엄선사〉

【介石】 꿋꿋한 바위돌.《周易》豫卦 六二 爻辭에 "介于石, 不終日, 貞吉"
이라 함.

【怪物】 기이한 물건으로 여겨 매우 좋아함.

【脂膏】 굳기름. 매우 미끄러움을 뜻함.

【毒螫(독석)】 독을 가진 가뢰라는 벌레.

【甘飴(감이)】 달콤한 엿.

【染指】 좋은 음식을 맛보고자 손가락을 솥에 집어넣어 더럽힘.《左傳》宣公 4
년에 「楚人獻黿于鄭靈公. 公子宋與子家將見, 子公之食指動, 以示子家, 曰:
"他日我如此, 必嘗異味."……及食大夫黿, 召子公而不與也. 子公怒, 染指于鼎,
嘗之而出」이라 하였다.

439(寶上-77) 遇事
일을 만나거든

일을 만나거든 다만 한 가지 맛으로 진정하여 조용히 하라.
비록 얽힘이 마치 어지러운 실타래 같지만
종당에는 실마리를 찾게 될 것이다.
사람을 대함에는 터럭 반만큼의 거짓이나 속임도 없도록 하라.
비록 교활하기가 산귀신 같다 해도
역시 스스로 성의를 바쳐올 것이다.

船子和尙

遇事只一味鎭定從容,

　縱紛若亂絲,

　　終當就緖;

待人無半毫矯僞欺隱,

　雖狡如山鬼,

　　亦自獻誠.

〈선자화상〉

【從容】 어떠한 일에 조용히 따름. 從容은 원래 첩운어임.
【山鬼】 산귀신, 산도깨비. 매우 교활한 것으로 비유됨.

※《增廣賢文》(154)에 「待人無半毫詐僞欺隱, 處事只一味鎭定從容」이라 하였다.

440(寶上-78) 肝腸煦
간장이 따뜻하기를

간장이 따뜻하기를 마치 봄바람처럼 한다면
비록 주머니에 돈 한 푼 없어도
오히려 경독煢獨을 불쌍히 여길 수 있게 되고,
기골이 맑기를 가을 물처럼 가진다면
비록 집이 네 벽 밖에 없어도
끝내 왕공에게 오만히 굴 수 있다.

肝腸煦若春風,
雖囊乏一文,
還憐煢獨;
氣骨淸如秋水,
縱家徒四壁,
終傲王公.

〈법명화상〉

【一文】 文은 옛날 돈을 세는 단위.
【煢獨(경독)】 '惸獨'과 같음. 외롭고 가난하여 의지할 곳이 없는 사람.
【四壁】 집이 가난하여 네 벽밖에 없음.

※《增廣賢文》(155)에 「肝腸煦若春風, 雖囊乏一文, 還憐煢獨; 氣骨淸如秋水,
縱家徒四壁, 終傲王公」이라 하였다.

441(寶上-79) 討了人事的便宜
사람이 해야 할 일에 편의를 요구하다가는

사람이 해야 할 일에 편의를 요구하다가는
틀림없이 천도의 어그러짐을 받을 것이요,
세상 맛의 재미와 이익을 탐하다가는
틀림없이 본성의 손해를 불러오게 될 것이다.
세상을 건너는 자는 의당 깊이 헤아려 선택하라.
삼가 꾀꼬리를 탐하다가 깊은 우물에 빠지거나
수주隋珠같은 귀한 구슬로 헛되이 나는 새를 쏘는 일이 없도록 하라.

討了人事的便宜, 必受天道的虧;
貪了世味的滋益, 必招性分的損.
涉世者宜審擇之,
愼毋貪黃雀而墜深井,
舍隋珠而彈飛禽也.

【討】 요구함. 그러한 일에 매달림.
【貪黃雀而墜深井】《戰國策》齊策(4),《韓詩外傳》(권10),《吳越春秋》(권5),《說苑》
正諫篇 등에 널리 실려 있는 고사로 흔히 「螳螂捕蟬」의 성어로 알려져 있다.
後園의 나뭇가지에 사마귀는 자기 앞에 있는 매미를 잡아먹으려 노리고,
그 사마귀 뒤에는 참새가 노리고 있으며, 그 참새(꾀꼬리)를 잡으려고 사람이
총알을 겨누지만 그 앞에는 깊은 우물이 있음. 눈앞의 이익에 어두워 뒤따를
위험을 생각지 못함을 말함. 480(寶上 118)과 같은 주제임.

【舍隋珠而彈飛禽】隋珠(隨珠)는 고대 수(隨, 隋나라 이전의 작은 제후국으로 隨자가 원 글자이나 隋나라가 건국한 후 隋자로 고침)나라 제후가 상처난 뱀을 고쳐주자, 밤에 그 뱀이 나타나 바쳤다는 구슬로 매우 귀한 보배로 여김. 《搜神記》(권20), 《淮南子》覽冥訓, 《太平廣記》402, 《水經注》31. 《藝文類聚》 94. 96 등에 실려 있음. 한편 본문의 내용은 이러한 귀한 구슬을 보배인 줄 모르고 이를 한갓 날아가는 새를 잡겠다고 총알로 사용함을 비유함.

※ 《增廣賢文》(219)에 「貪了生禽的滋益, 必招性分的損; 占了人事的便宜, 必受 天道的虧」라 하였다.

442(實上-80) 費千金而結納賢豪
　　　　천금을 써서
　　　　어진 이나 호걸을 사귄다 해도

천금을 써서 어진 이나 호걸을 사귄다 해도
어찌 표주박 반쯤의 곡식을 기울여
배고픈 사람을 구제함만 하겠는가?
천 개의 기둥으로 지은 좋은 집에 빈객을 초청한다 해도
어찌 서까래 몇 개로 얽은 오두막에서
고한孤寒한 선비를 감싸줌만 하겠는가?

費千金而結納賢豪,
　　孰若傾半瓢之粟,
　　　　以濟饑餓之人?

構千楹而招來賓客,
孰若葺數椽之茅,
以庇孤寒之士?

【結納】 사귀어 맞아들임. 의도를 가지고 훌륭한 사람이나 권세 있는 사람을
 사귐.
【千楹(천영)】 기둥이 천 개나 되는 집. 매우 부유함을 비유함.
【葺(집)】 집을 지어 지붕을 이음.
【數椽(수연)】 몇 개의 서까래. 가난하여 매우 허술하게 지은 집을 뜻함.
【孤寒之士】 외롭고 추위에 떠는 선비. 가난한 선비.

443(寶上-81) 解鬪者
싸움을 말리는 자는

싸움을 말리는 자는 이를 돕되
오히려 위엄으로써 하면 노기가 저절로 평온해진다.
탐욕을 징계하는 자는 이를 구제하되
오히려 욕심으로써 하면 이익에 대한 마음이 도리어 담담해진다.
이것이 소위 형세에 근거하여 이익을 유도한다는 것이니
역시 구시응변救時應變의 한 가지 마땅한 법일 수도 있는 것이다.

解鬪者助之以威, 則怒氣自平;

懲貪者濟之以欲, 則利心反淡.

所謂因其勢而利導之,

亦救時應變一權宜法也.

【一權】權은 저울대를 뜻하며 여기서는 宜法에 양사로 쓰였음.
【救時應變】어려운 때를 구제하고 변화에 대응함.
【宜法】마땅한 법. 딱 맞는 법.

444(寶上-82) 市恩
은혜를 파는 것은

은혜를 파는 것은 덕을 갚는 것을 후하게 여김만 못하고,
분함을 씻는 것은 치욕을 참음을 높은 것으로 여김만 못하니라.
명예를 바라는 것은 이름을 피하는 것으로 적당함을 삼음만 못하고,
감정을 바꿈은 절개를 곧게 함을 진실로 여김만 못하니라.

市恩不如報德之爲厚,

雪忿不若忍恥之爲高;

要譽不如逃名之爲適,

矯情不若直節之爲眞.

445(寶上-83) 救旣敗之事者
이미 실패한 일을 구제하는 자는

이미 실패한 일을 구제하는 자는
마치 말을 몰아 절벽 위에 임한 듯이 여겨
하나의 채찍질을 가볍게 여겨 쉬도록 하라.
성취의 공적을 남기고자 하는 자는
마치 물을 거슬려 올라가는 배를 끌 듯이 여겨
잠시 한 번의 노도 멈추지 말라.

救旣敗之事者,
如馭臨崖之馬,
休輕策一鞭;
圖垂成之功者,
如挽上灘之舟,
莫少停一棹.

〈노군〉

【臨崖之馬】 벼랑 끝에 이르러 더 나갈 수 없는 말의 위치.
【輕策一鞭】 더 이상 채찍질을 하지 아니하고 그침.

【上灘之舟】상류의 센 물살을 거슬러 올라가는 배.

※《增廣賢文》(610)에「救旣敗之事, 如臨馭崖之馬, 休輕加一鞭; 圖垂成之功, 如挽
上灘之舟, 莫稍停一棹」라 하였다.

446(寶上-84) 先達笑彈冠
먼저 급제하여

먼저 급제하여 웃으면서 관을 털며 웃노니
제후의 문에 가볍게 옷깃을 끌고 지나가는 것이 어떤 것인지 묻지 말라.
서로 아는 사이이면서 칼을 어루만지니
세상 길 어두운 속에 구슬을 던지는 짓을 따르지 말라.

先達笑彈冠,
休問侯門輕曳裾;
相知猶按劍,
莫從世路暗投珠.

【先達】앞서 급제하여 벼슬하는 자.
【彈冠】관을 털어 더러움을 제거하여 깨끗함을 유지하고자 함. 屈原의 〈漁父
辭〉에「新沐者必彈冠, 新浴者必振衣」라 함. 그러나 여기서는 한 대 王吉의
고사를 뜻함. 남의 급제나 승급을 축하하며 자신도 곧 뒤를 이을 것으로
기대함을 뜻한다.《漢書》王吉傳에「吉與貢禹爲友, 世稱'王陽在位, 貢公彈冠'.
言其取舍同也」라 하여「彈冠相慶」이라는 고사를 남겼다.

【輕曳裾(경예거)】옷깃을 가벼이 끌고 다님. 고관대작의 화려한 삶을 뜻함.

【暗投珠】밤에 구슬을 던지자 누구나 서로 가지려고 칼을 어루만지며 노려봄을 뜻한다. 《史記》魯仲連鄒陽列傳에 「臣聞明月之珠, 夜光之璧, 以暗投人於道路, 人無不按劍相眄者, 何則? 無因而至前也」라 하여 「明珠暗投」라는 고사를 낳았다.

※《增廣賢文》(240)에 「先達笑彈冠, 休問侯門輕束帶; 相知猶按劍, 莫從世路暗投珠」라 하였다. 그리고 唐 王維의 〈酌酒與裴迪〉 시에 「酌酒與君君自寬, 人情飜覆似波瀾. 白首相知猶按劍, 朱門先達笑彈冠. 草色全經細雨濕, 花枝欲動春風寒. 世事浮雲何足問, 不如高臥且加餐」이라 하였으며 《幼學瓊林》朋友賓主篇에는 「王陽在位, 貢禹彈冠以待薦; 杜伯非罪, 左儒寧死不徇君」이라 하였다.

447(寶上-85) 楊修之軀見殺於曹操
양수楊修가
조조曹操에게 죽음을 당한 것은

양수楊修가 조조曹操에게 죽음을 당한 것은
자기의 잘난 것을 드러내었기 때문이요,
위탄韋誕의 묘가 종요鍾繇에게 파헤쳐짐을 당한 것은
자신의 재능을 숨겼기 때문이다.
그러므로 명철한 선비는 흔히 자신의 광채를 숨기고 빛을 가두는 법이요,
지인至人은 항상 자신의 재주를 겸손히 하면서 선을 공公으로 삼느니라.

楊修之軀見殺於曹操, 以露己之長也;
韋誕之墓見伐於鍾繇, 以秘己之美也.

故哲士多匿彩以韜光,
至人常遜美而公善.

【楊修】 楊脩로도 표기되며 자는 德祖(175~219). 曹操의 門下로 너무 재주가
있어 도리어 曹操의 미움을 받아 죽임을 당함. 曹操의 倉曹主簿를 지냈으며
뒤에 曹植의 黨에 합류하여 太子 책봉에 가담하자, 조조가 후환을 두려워
하여 죽임.《世說新語》에 그의 뛰어난 재주에 대한 일화가 실려 있으며,
《後漢書》권44에 傳이 있으며《三國志》魏書 陳思王曹植傳 注에 그에 대한
기록이 실려 있음.

【曹操】 자는 孟德(155~220). 漢末 劉備, 孫權 등과 패권을 다투어 三國 중
魏나라를 세운 인물. 지략과 모책이 뛰어났으며 죽은 후 그 아들 曹丕(魏
文帝)에 의해 魏武帝로 추존됨.《三國志》권 2에 紀가 있음.

【韋誕】 자는 仲將. 三國初 杜陵 사람으로 처음에는 漢나라를 섬겨 上郡
計吏가 되었으나 魏明帝(曹叡)와 齊王(曹芳)을 섬겨 侍中에 올랐음. 글씨에
뛰어나 魏나라 寶器의 銘題는 거의 韋誕의 글씨로 이루어졌음. 이에 당시
草書의 대가로 널리 알려진 鍾繇가 글씨를 얻기를 요구했지만 이를 거절
하여 결국 죽은 후 종요가 그의 무덤을 파헤쳐 분을 풀었다 함.《三國志》
魏書 劉劭傳 注에 인용된 衛恒의《文章叙錄》과《晉書》衛恒傳에 인용된
《문장서록》에 그에 관한 기록이 전하고 있음.

【鍾繇(종요)】 151~230. 자는 元常, 삼국시대 魏나라의 걸출한 서예가. 潁川
長社(지금의 河南省 許昌 長葛縣) 사람. 벼슬이 太傅에 이르러 흔히 "鍾太傅"라
불림. 어려서 劉德昇에게 글씨를 배웠으며 前代 각 서예가의 장점을 널리
취하고 各體를 고루 섭렵하였고 특히 正楷에 뛰어났었음. 점획이 異趣
하였으며 結構가 樸實하여 자연미를 최대한 살리는 필법을 구사하였음.
그리고 隸書에서 楷書로 변화하는 중요하고 새로운 모습을 창안한 자로
널리 알려져 있음. 흔히 王羲之와 함께 "鍾王"으로 병칭되며 역대로 이를
추앙하였음. 아깝게도 眞跡은 전하지 아니하나 이를 法帖으로 刻한〈宣示表〉,
〈賀克捷表〉,〈力命表〉,〈薦季直表〉 등이 있으며 모두가 晉唐 시대 사람들이
臨摹한 것임.《三國志》권13에 傳이 있으며, 唐 張彦遠의《法書要錄》8,
그리고 張懷瓘의《書斷》에 그에 관한 기록이 있음.

448(寶上-86) 少年的人
젊음을 누리고 있는 사람은

젊음을 누리고 있는 사람은
세월이 빠르지 않음에 대하여 걱정하지 말라.
항상 빠르기만 하고 이룸이 엉망이면 어쩌나 걱정하여
그 때문에 그 조바심을 억제해야 하느니라.
늙어 이룸이 있는 사람은
너무 무거운 짐을 졌다고 걱정하지 말라.
언제나 무거운 짐을 졌으나 이룸이 퇴보하여 줄어들면 어쩌나 걱정하여
그 때문에 게으른 기운을 진작시켜야 하느니라.

少年的人,
不患其不奮迅,
常患以奮迅而成鹵莽,
故當抑其躁心;
老成的人,
不患其不持重,
常患以持重而成退縮,
故當振其惰氣.

〈동왕공〉

【奮迅】 분을 내어 달리듯이 빠름.
【鹵莽】 거칠고 소홀함. 엉망임.

449(寶上-87) 望重縉紳

진신縉紳을 우러러 중히 여김이

진신縉紳을 우러러 중히 여김이
어찌 한미한 자의 송덕頌德과 같겠는가?
바다 멀리서 찾아온 벗이라 해도
어찌 골육의 미쁜 마음과 같겠는가?

望重縉紳,

怎似寒微之頌德?

朋來海宇,

何如骨肉之孚心?

【縉紳(진신)】 사대부나 고관을 일컫는 말. 縉은 笏을 꽂음을 뜻하며 紳은
홀을 꽂는 띠.
【寒微】 미천함. 진신에 상대되는 말.
【海宇】 아주 먼 곳. 그처럼 멀리서 찾아온 벗을 뜻함.
【骨肉】 至親의 가족.
【孚心】 성실히 서로 믿어주는 마음. 미쁘게 서로 위해주는 마음.

450(寶上-88) 舌存常見齒亡
혀는 그대로 남아 있어도

혀는 그대로 남아 있어도 이는 빠지는 경우를 보게 되니
강강剛强함이 끝내 유약柔弱함을 이기지 못하리로다.
집이 낡아도 문 돌쩌귀에 좀이 쏠았다는 말은 듣지 못하니
치우친 고집이 어찌 원만함과 융화에 미칠 수 있겠는가!

舌存常見齒亡,

剛强終不勝柔弱;

戶朽未聞樞蠹,

偏執豈能及圓融!

【舌存】《明心寶鑑》繼善篇에「老子曰: "柔勝剛, 弱勝强. 故舌能存, 齒剛則折也."」
　　라 하였으며 이 이야기는《老子》78장과《說苑》敬愼篇에 실려있음.
【樞蠹(추두)】 문의 돌저귀는 늘 움직이므로 좀이 쏘는 일이 없음.
【偏執】 치우친 고집.
【圓融】 원만하여 융합함.

〈三〉評議

則絕為善之路此讒好名者當嚴責夫君子不當
心故人而皆好名則開詐善之門使人而不好名
君子好名便起欺人之念小人好名猶懷畏人之
長空自經綸萬變而不動一塵矣
吐六合上下千古事來如漚生大海事去如影滅
三杯酒湯武征誅一局棋人能以此胸襟眼界吞
水上萍事莫大于揖遜征誅而康節云唐虞揖遜
物莫大于天地日月而子美云日月籠中鳥乾坤

菜根譚一

評議

偏執豈能及圓融
古存常見齒亡剛强終不勝柔弱戶朽未聞樞蠹
之孚心
望重縉紳怎似寒微之頌德朋來海宇何如骨肉
持重而成退縮故當振其情氣
故當抑其躁心老成的人不患其不持重常患以
少年的人不患其不奮迅常患以奮迅而成鹵莽

十五

《채근담》乾隆本(1794) 評議篇

持身涉世不可隨境而遷遺是大火流金而清風穆
中來達人宜遵刀頭之蜜
大惡多從柔處伏哲士須防綿裏之針深佻常自愛
為善之路此讒好名者當審責夫君子不當求于
小人也。
故人而皆好名則開詐善之門使人而不好名則絕
君子好名便起欺人之念小人好名猶懷畏人之心
綸萬變而不動一塵矣
上下千古事來如漚生大海事去如影滅長空自經
酒湯武征誅一局棋人能以此胸襟眼界吞吐六合
上萍事莫大于揖遜征誅而康節云唐虞揖遜三杯
物莫大于天地日月而子美云日月籠中鳥乾坤水

評議。

菜根譚

執豈能及圓融。
古存常見齒亡剛强終不勝柔弱戶朽未聞樞蠹偏
孚心。
望重縉紳怎似寒微之頌德朋來海宇何如骨肉之
而成退縮故當振其情氣
當抑其躁心老成的人不患其不持重常患以持重
少年的人不患其不奮迅常患以奮迅而成鹵莽故

十三

《채근담》光緒本(1875) 評議篇

451(寶上-89) 物莫大於天地日月
세상 만물 중에
천지와 일월보다 큰 것이 없건만

세상 만물 중에 천지와 일월보다 큰 것이 없건만,
그런데도 자미(두보)는 이렇게 말하였다.
"해와 달은 새장 안에 갇힌 새요, 건곤은 물 위에 뜬 부평초에 불과하네."
일로서 읍하고 겸손히 하며 정벌하고 주벌하는 것보다 큰 것이 없건만,
그런데도 강절(소옹)은 이렇게 말하였다.
"당우唐虞의 선양은 술 석 잔일 뿐이요,
탕무湯武의 정벌과 주벌은 하나의 바둑놀이일 뿐이었네."
사람이 능히 이러한 흉금을 가지고 육합六合을 삼키고 토하며,
천고를 상하로 여긴다면
일이 생겨도 마치 큰 바다에 물거품이 생긴 것으로 보이고
일이 사라져도 마치 긴 하늘에 그림자가 생겼다 사라지듯 여기게 되어
스스로 만가지 변화를 경륜하되 하나의 티끌에는 움직이지 않게 되리라.

物莫大於天地日月, 而子美云:
　　　「日月籠中鳥, 乾坤水上萍.」
事莫大於揖遜征誅, 而康節云:
　　　「唐虞揖遜三杯酒, 湯武征誅一局棋.」
人能以此胸襟眼界吞吐六合,
　　　　　　上下千古,
　　　　事來如漚生大海,

事去如影滅長空,
自經綸萬變而不動一塵矣.

【子美】당나라 詩聖 杜甫(712~770)를 말함. 李白과 병칭되는 대시인으로 유가적 시풍을 남겼음.《唐書》및《新唐書》에 그의 傳이 실려 있음.《杜工部集》을 남겼으며 우리나라 조선시대에도《杜詩諺解》를 출간하여 한국 문학과 사상에도 깊은 영향을 미쳤음.

【康節】邵雍(1011~1077)을 가리킴. 자는 堯夫(요부). 北宋의 대표적인 성리학자 百源學派의 영수이며 호는 安樂先生, 시호는 康節,《先天圖》,《皇極經世》,《觀物篇》등을 남김.

【唐虞】당은 堯임금의 나라 이름. 우는 舜임금의 나라 이름. 요임금이 천하를 공(公)으로 여겨 순에게 선양한 일을 두고 술 석 잔에 불과한 일처럼 가볍게 본 것으로 해석한 것.

【湯武】湯임금과 武王. 湯은 殷나라 개국군주로 夏나라의 末王 傑을 응징하였으며, 武王(姬發)은 文王(姬昌)의 아들로 周나라를 일으키면서 殷나라 末王 紂를 쳐서 정벌함. 이를 바둑놀이이 불과한 것으로 보았음.

【六合】천지와 사방. 온 우주를 뜻함.

※ 본장의 일부는〈明後〉139에도 실려 있다.

452(寶上-90) 君子好名
군자가 이름을 좋아하게 되면

군자가 이름을 좋아하게 되면
곧 남을 속이고자 하는 마음이 일어나게 된다.

소인이 이름을 좋아하게 되면
오히려 남을 두려워하는 마음을 품게 된다.
그러므로 사람으로서 누구나 이름을 좋아하게 되면
거짓된 선의 문을 여는 것이 되고,
그렇다고 사람에게 이름을 좋아하지 않게 하면
이는 선을 하고자 하는 길을 끊어버리는 것이 된다.
이처럼 이름을 좋아하는 자를 기롱함은
의당 군자에게 엄하게 책임을 지우는 것이어야지
소인에게 지나치게 요구하는 것이어서는 안 된다.

君子好名, 便起欺人之念;
小人好名, 猶懷畏人之心.
故人而皆好名, 則開詐善之門;
使人而不好名, 則絶爲善之路.
此譏好名者, 當嚴責於君子,
不當過求於小人也.

453(寶上-91) 大惡多從柔處伏
큰 악은 흔히 부드러운 곳에 숨었다가 나온다

큰 악은 흔히 부드러운 곳에 숨었다가 나온다.
그 때문에 명철한 선비는 모름지기 솜 속에 숨겨진 바늘을 방비한다.

깊은 원한은 항상 사랑 속에서 찾아온다.
그 때문에 달인은 칼 끝에 묻혀놓은 꿀을 멀리한다.

大惡多從柔處伏, 哲士須防綿裡之針;
深仇常自愛中來, 達人宜遠刀頭之蜜.

【綿裡之針】솜 속에 숨겨진 바늘.
【刀頭之蜜】칼 끝에 묻혀놓은 꿀.

454(寶上-92) 持身涉世
이 육신을 가지고 세상을 건넘에는

이 육신을 가지고 세상을 건넘에는 경우에 맞추어 옮겨다닐 수가 없다.
모름지기 이는 큰불에 흐르는 쇳물이로되 청풍이 목연穆然함으로 여기고,
엄한 서리가 만물을 죽이는 곳이로되 화기가 애연藹然함으로 여겨라.
그리고 어두운 흙비가 공중을 가리되 밝은 달이 낭연朗然하다 여기고,
홍수와 파도가 바다를 뒤엎되 지주砥柱는 우뚝하다 여겨라.
그래야 바야흐로 이것이 우주 안에서 참된 인품인 것이다.

持身涉世, 不可隨境而遷.
須是大火流金而淸風穆然,

嚴霜殺物而和氣藹然;
陰霾翳空而慧日朗然,
洪濤倒海而砥柱屹然,
方是宇宙內的眞人品.

【嚴霜殺物】무서운 서리가 세상 만물을 죽임.
【陰霾翳空(음매예공)】음산하여 흙비가 내리며 어두움이 가린 하늘의 궂은
날씨.
【砥柱】황하 중류에 있는 우뚝한 돌기둥. 前出.

455(寶上-93) 愛是萬緣之根
사랑은 만 가지 인연의 뿌리이니

사랑은 만 가지 인연의 뿌리이니
의당 이를 잘라 없앨 줄 알아야 한다.
지식은 모든 사람이 욕망하는 근본이니
힘써 이를 제거하고자 해야 한다.
일을 짓는 자는 세속을 벗어나야 하느니
한 가닥이라도 세속을 고치고자 하는 마음을 가져서는 안 된다.
세상에 응함에는 시기를 따라야 하느니
한 가닥이라도 시대를 쫓아가고자 하는 생각을 가져서는 안 된다.

愛是萬緣之根,
　當知割捨;
識是衆欲之本,
　要力掃除.
作人要脫俗,
不可存一矯俗之心;
　應世要隨時,
不可起一趨時之念.

〈서왕모〉

【矯俗】 풍속을 고치려 함.
【趨時】 시대의 풍조나 유행을 쫓아감.

※ 다른 판본에는 "作人"이하를 별개의 장으로 나누었다. 매우 타당할 듯하다.

※ 《增廣賢文》(024)에는 「隨時莫起趨時念, 脫俗休存矯俗心」이라 하였다.

456(寶上-94) 寧有求全之毀
차라리 온전함을 구하다가

차라리 온전함을 구하다가 받은 훼멸을 입을지언정
실정에 지나친 명예를 가져서는 안 된다.
차라리 망령됨이 없는 재앙을 입을지언정
분수가 아닌 복을 가져서는 안 된다.

寧有求全之毁,
不可有過情之譽;
寧有無妄之災,
不可有非分之福,

【過情之譽】실정에 지나친 명예나 자랑.
【非分之福】자신의 분수에 맞지 않은 복.

457(寶上-95) 毁人者不美
남을 헐뜯는 것은

남을 헐뜯는 것은 아름답지 못한 것이지만
남에게 헐뜯음을 당한 자는 한번 비방을 받으면
곧 그만큼 수성修省을 더하여라.
그리하면 가히 이를 풀어 다시 아름다움을 보탤 수 있느니라.
남을 속이는 것은 복된 일이 아니지만
남에게 속임을 당한 자는 한 번 횡역을 만나면
곧 그만큼 기우器宇를 길러주어라.
그리하면 가히 화를 돌려 복으로 만들 수 있느니라.

毁人者不美,
而受人毁者遭一番訕謗,

便加一番修省,

可以釋回而增美;

欺人者非福,

而受人欺者遇一番橫逆,

便長一番器宇,

可以轉禍而爲福.

〈광성자〉

【訕謗(산방)】 헐뜯고 훼방함.
【橫逆】 횡액과 역운.
【器宇】 큰 그릇. 혹은 담을 큰 그릇이나 덮어줄 큰 지붕.
【轉禍爲福】 재앙을 돌려 이를 복으로 만듦.

458(寶上-96) 夢裡懸金佩玉
꿈속에 금을 매달고

꿈속에 금을 매달고 옥을 차는 모습이
일마다 사실과 아주 같더라도
잠이 사라지고 나면 비록 진짜 같았으나 깨고 나서 거짓이었으며,
한가한 가운데에 게偈를 연출하고 현玄을 이야기하여
말마다 모두 아주 그럴듯했더라도
담론의 기회가 와서 보면 비록 옳은 듯 하였으나
이를 이용하고자 할 때는 맞던 것이 그릇되게 되도다.

夢裡懸金佩玉,
　　事事逼眞,
睡去雖眞覺後假;
　　閑中演偈談玄,
　　言言酷似,
說來雖是用時非.

〈적송자〉

【懸金佩玉(현금패옥)】금을 매달고 옥을 참. 화려한 부귀영화의 모습.
【逼眞(핍진)】아주 사실에 가까움.
【演偈談玄】불가의 게를 연출하고 도가의 현학을 담론함. 이론을 정밀하게 분
　석하여 빈틈이 없이 갖추는 모습.

459(寶上-97) 天欲禍人
하늘이 사람에게 재앙을 내리고자 하면

하늘이 사람에게 재앙을 내리고자 하면
반드시 먼저 작은 복을 주어 교만하게 한다.
따라서 복이 온다고 기꺼워할 것이 아니라
그것을 받을 만한가를 보아야 한다.
하늘이 사람에게 복을 주고자 하면
반드시 먼저 작은 재앙을 내려 이를 경계토록 한다.
따라서 재앙이 왔다고 근심할 것이 아니라
그것이 구제될 수 있는가를 살펴야 한다.

天欲禍人, 必先以微福驕之,

　　　所以福來不必喜, 要看他會受;

天欲福人, 必先以微禍儆之,

　　　所以禍來不必憂, 要看他會救.

【會受】會는 '~할 만하다, ~할 수 있다'의 백화어 표현. 여기서는 '받을 만한
것인가'의 뜻. 아래의 '會救'도 같음.
【儆之】儆은 '경계하다'의 뜻.

※《增廣賢文》(618)에「天欲禍人, 必先以微福驕之, 所以福來不必喜, 要看會受;
　　天欲福人, 必先以微禍儆之, 所以禍來不必憂, 要看會救」라 하였으며, 明 呂坤의
　　《續小兒語》雜言에「禍到休怒, 也要會救; 福來休喜, 也要會受」라 하였다.

460(寶上-98) 榮與辱共蒂
영예와 치욕은

영예와 치욕은 한 가지 꼭지이다.
치욕을 싫어하는 마당에 어찌 영화를 구하겠는가?
사는 것과 죽은 것은 같은 뿌리이다.
삶을 탐하는 만큼 죽음도 두려워할 필요가 없도다.

榮與辱共蒂, 厭辱何須求榮?
生與死同根, 貪生不必畏死.

【蒂(체)】 과일이나 오이 등의 꼭지. 그 근원이 같음을 뜻함.
【貪生·畏死】 살기를 탐하는 것과 죽음을 두려워하는 상대적인 경우.

461(寶上-99) 作人
사람이 됨에

사람이 됨에 단지 하나의 솔진率眞한 맛이면 된다.
발자국 흔적을 비록 감춘다 해도 도리어 드러나게 마련이니라.
마음을 존속시킴에 만약 터럭 반만큼의 아직 깨끗하지 못함이 있다면
일을 함에 비록 공公으로 한다 해도 역시 사私가 되고 마느니라.

作人只是一味率眞,
　　踪迹雖隱還顯;
存心若有半毫未淨,
　　事爲雖公亦私.

〈청오공〉

【還顯】 還은 부사로 '그래도, 도리어'의 뜻을 나타내는 백화어 표현임.

462(寶上-100) 鷦占一枝
뱁새는 나뭇가지 하나 겨우 차지하면서도

뱁새는 나뭇가지 하나 겨우 차지하면서도
도리어 붕새의 마음이 너무 사치스럽다고 비웃는다.
토끼는 굴을 세 개나 가지고 있으면서
도리어 학이 사는 언덕이 너무 높아 위태롭다고 비웃는다.
지혜가 작은 자는 큰 일을 도모할 수 없고,
취향이 낮은 자는 더불어 높은 경지를 담론할 수가 없다.
진실로 그렇도다!

鷦占一枝, 反笑鵬心奢侈;
兎營三窟, 轉嗤鶴壘高危.
智小者不可以謀大,
趣卑者不可與談高,
信然矣!

【鷦占一枝】 뱁새는 둥지를 틀어도 겨우 나뭇가지 하나 차지함.《莊子》逍遙
遊篇에「鷦鷯巢於深林, 不過一枝; 偃鼠飮河, 不過滿腹」이라 함.
【兎營三窟】 교활한 토끼는 자신의 위험에 대비하여 굴을 세 개 가지고 있음.
《戰國策》齊策에「狡兎三窟」의 고사가 있다.
【轉嗤(전치)】 '轉'은 '도리어'의 부사. '嗤'는 비웃음.

463(寶上-101) 貧賤驕人
빈천한 자가 남에게 교만히 굴면

빈천한 자가 남에게 교만히 굴면
비록 헛된 교만함을 건너는 것 같지만
그래도 몇 푼의 협기가 있는 것이요,
영웅이 세상을 속이면
비록 휘두르는 것 같지만
모두가 반 점의 진심이 없는 것이니라.

貧賤驕人,
然涉虛憍,
還有幾分俠氣;
英雄欺世,
縱似揮霍,
全沒半點眞心.

〈팽조〉

【虛憍】건너기 어려운 다리. 그러나 《增廣賢文》에는 '虛憍'(별것 아니면서 교만하게 구는 것)으로 되어 있으며 「然涉虛憍」은 만해본의 《菜根譚》에는 '雖涉虛憍'로 되어 있다.
【揮霍(휘곽)】휘둘러 지휘함.
【沒】無와 같음. 백화어 표현임.

※《增廣賢文》(134)에 「貧賤驕人, 雖涉虛憍, 還有幾分俠氣; 奸雄欺世, 縱似揮霍, 全沒半點眞心」이라 하였다.

464(寶上-102) 糟糠不爲彘肥
조강糟糠은 돼지를 살찌울 수 없느니

조강糟糠은 돼지를 살찌울 수 없느니
무슨 일에 낚시바늘에 내려뜨린
작은 미끼를 치우치게 탐할 것이 있겠는가?
비단이 어찌 희생물을 덮는 이유로 귀한 것이 되었겠으며,
누가 능히 바구니 속에 갇혀
다른 새를 잡기 위한 운명을 풀고 나올 수 있겠는가?

糟糠不爲彘肥,

何事偏貪鉤下餌?

錦綺豈因犧貴,

誰人能解籠中囮?

【糟糠】 곡식의 거친 껍질. 가축의 먹이로 쓰기도 어려운 것으로 보았음.
【彘(체)】 돼지.
【犧貴】 종묘 제사에 쓰이는 훌륭한 희생물을 덮음.
【籠中囮(농중와)】 '籠'은 새를 가두어 기르는 새장. '囮'는 다른 새를 잡기 위해
바구니에 넣어 유혹하는 살아 있는 새.

465(寶上-103) 琴書詩畫
거문고 책, 시와 그림은

거문고 책, 시와 그림은 달인은 이로써 성령을 수양하는데
용렬한 사람은 한갓 그 나타난 상만을 감상한다.
산천과 구름, 만물은 고인高人은 이로써 학식의 보조로 삼는데
속된 사람은 한갓 그 광경의 화려함을 즐긴다.
이로써 사물은 정한 값이 없되
사람의 식견에 따라 그 고하가 나타남을 알겠도다.
그러므로 독서와 궁리는 식견과 취향으로써 우선을 삼아야 한다.

琴書詩畫, 達士以之養性靈, 而庸夫徒賞其迹像;
山川雲物, 高人以之助學識, 而俗子徒玩其光華.
　　　可見事物無定品, 隨人識見以爲高下.
　　　　故讀書窮理, 要以識趣爲先.

【性靈】 예술 작품을 감상하여 얻는 영감이나 심미안.
【迹像】 그림에 나타난 구체적인 흔적과 모습.
【識趣】 식견과 취향. 고차원적인 의취.

466(寶上-104) 美女不尙鉛華

미녀는 화장품이나 화려함을
숭상하지 않는 것이니

미녀는 화장품이나 화려함을 숭상하지 않는 것이니
마치 성긴 매화가 담담한 달을 비춤과 같아야 한다.
선사禪師는 공空이니 적寂이니 하는 것에 빠지지 않는 것이니
마치 푸른 연못이 파란 연꽃을 토해내는 것과 같아야 한다.

美女不尙鉛華,
似疏梅之映淡月;
禪師不落空寂,
若碧沼之吐青蓮.

〈철괴선생〉

【鉛華】 납(고대에는 화장품으로 썼음)으로 화장한 화려한 얼굴.
【空寂】 불가에서 말하는 空 사상과 寂滅.

467(寶上-105) 廉官多無後
청렴한 관리는
흔히 후사가 없는 경우가 있으니

청렴한 관리는 흔히 후사가 없는 경우가 있으니
이는 그 태청太淸함 때문이다.
어리석은 자는 매번 복을 많이 받으니
이는 그 근후近厚함 때문이다.
그러므로 군자는 비록 염결한 절개를 중히 여기기는 하지만
함구납오含垢納汚의 아량雅量이 없어서는 안 되며,
비록 어리석음과 완고함을 경계하기는 하나
역시 찰연세구察淵洗垢의 정명精明함을
반드시 가지고 있어야 하는 것은 아니다.

　　廉官多無後, 以其太淸也;
　　痴人每多福, 以其近厚也.
　故君子雖重廉介, 不可無含垢納汚之雅量;
　　雖戒痴頑, 亦不必有察淵洗垢之精明.

【廉官】 지나치게 청렴함을 고집하는 관리. 혹은 '廉宮'으로 된 판본도 있다.
【含垢納汚】 때문은 것도 머금고 더러운 것도 용납하는 아량.
【察淵洗垢】 연못의 물도 더럽지 않은가 자세히 살피며, 때문은 것을 깨끗이
　씻어냄.

468(寶上-106) 密則神氣拘逼
빡빡하게 굴면

빡빡하게 굴면 신기神氣가 구속하여 핍박해 오고,
느슨하게 하면 천진스러움이 난만하게 된다.
이것이 어찌 유독 시문詩文의 공졸만이 여기서 갈라지는 것이겠는가?
내가 보기에는 주밀周密한 사람은 순전히 기교를 쓰느라 바쁘고
소광疏狂한 선비는 홀로 본성의 진솔함에 맡긴다.
사람 마음 속의 생사에 대한 것도 역시 여기에서 판가름이 나도다.

密則神氣拘逼,

疏則天眞爛漫,

此豈獨詩文之工拙從此分哉?

吾見周密之人純用機巧,

疏狂之士獨任性眞,

人心之生死亦於此判也.

【周密】주도면밀하여 빈 틈이 없음.
【機巧】기지와 교묘함. 주도면밀한 자는 기지와 교묘함으로 일을 처리함.
【疎狂】성기며 狂簡함. 狂은 《論語》 등에 생각에 고집이 있으면서 의기도
　가진 자를 뜻하는 말로 널리 쓰였음.

469(寶上-107) 翠筱傲嚴霜
푸르고 작은 대나무가

푸르고 작은 대나무가 엄한 서리에 오기를 부리누나.
그 절개 비록 고고하나
충아沖雅함에는 상처를 주지 않도다.
붉은 연꽃이 가을 물에 아름다운 자태를 뽐내누나.
그 색이 비록 요염하나
어찌 청수淸修함에 손상이 있으리오!

翠筱傲嚴霜,
節縱孤高,
無傷沖雅;
紅蕖媚秋水,
色雖艷麗,
何損淸修!

〈황야인〉

【翠筱(취소)】 푸른 색의 작은 대나무 종류.
【沖雅】 沖淡하고 高雅함.
【紅蕖(홍거)】 붉은 꽃을 피우는 연꽃의 일종.
【淸修】 깨끗하며 아름다움.

470(寶上-108) 貧賤所難
빈천으로 겪는 어려움은

빈천으로 겪는 어려움은
그 어려움이 절개를 연마하는 데에 있는 것이 아니라
바로 그 어려움이라는 것은 감정을 쓰는 데에 있는 것이요,
부귀로 겪는 어려움이란
그 어려움이 은혜를 베푸는 데에 있는 것이 아니라
그 어려움이라는 것은 예를 좋아하는 데에 있는 것이다.

貧賤所難,
不難在砥節,
而難在用情;
富貴所難,
不難在推恩,
而難在好禮.

〈윤희〉

【砥節(지절)】 절의를 숫돌에 갈 듯 연마함.

471(寶上-109) 簪纓之士

비녀 꽂고 갓끈 맨 선비는

비녀 꽂고 갓끈 맨 선비는 항상 고한孤寒한 자식이 절개로 맞서
충성을 이룰 만한 데에는 미치지 못한다.
묘당廟堂의 선비는 항상 산야의 사나이가 일을 헤아려
이치에 밝을 수 있음에는 미치지 못한다.
왜 그렇겠는가?
저 자는 잘난 것으로써 뜻을 손상시키고
이 자는 담박함으로 천진함을 온전히 하기 때문이다.

簪纓之士,
常不及孤寒之子,
可以抗節致忠;
廟堂之士,
常不及山野之夫,
可以料事燭理.
何也?
彼以濃艷損志,
此以淡泊全眞也.

〈이팔백〉

【簪纓(잠영)】비녀와 갓끈. 선비의 모습을 상징한 것.
【廟堂】종묘와 사당. 여기서는 고관을 상징함.

【料事燭理】일을 잘 헤아리고 이치에 밝음.

472(寶上-110) 榮寵旁邊
영광과 총애 곁에는

영광과 총애 곁에는 치욕이 기다리고 있느니
양양揚揚하게 뽐내지 말아야 한다.
곤궁의 등 뒤에는 복이 따라 오느니
어찌 척척戚戚하게 여길 필요가 있겠는가!

榮寵旁邊辱等待,
　　不必揚揚;
困窮背後福跟隨,
　　何須戚戚!

〈귀곡자〉

【等待】'기다리다'의 백화어.
【揚揚】의기가 양양함. 신이 나서 뽐냄.
【跟隨】'뒤를 따르다'의 뜻. 백화어 표현임.
【戚戚】슬퍼하거나 안타까워하는 모습.

※《增廣賢文》(177)에 「榮寵旁邊辱等待, 貧賤背後福跟隨」라 하였고《老子》(58장)
　에는 「禍兮, 福之所倚; 福兮, 禍之所伏」이라 하였다.

473(寶上-111) 古人閑適處

옛 사람이 한적하게 느낀 것을

옛 사람이 한적하게 느낀 것을
지금 사람은 도리어 바쁘게 일생을 보낼 일로 여기고 있다.
옛 사람이 실제로 받아 처리했던 일을
지금 사람은 또한 헛되이 일세를 보낼 일로 여기고 있다.
모두가 헛된 것에 탐닉하여 허망된 것을 좇는 것이니
색신色身을 보되 이를 간파하지 못함이요
법신法身을 인식하되 진실되게 인식하지 아니할 따름이로다.

古人閑適處, 今人却忙過了一生;
古人實受處, 今人又虛度了一世.
總是耽空逐妄:
看個色身不破,
認個法身不眞耳.

【忙過了一生】 바쁘게 일생을 보냄. 了는 백화어 표현으로 과거나 완료, 어기
등을 나타내는 허사.
【耽空逐妄】 空과 妄에 탐닉하거나 그를 좇음.
【個】 양사. 백화어에서 흔히 쓰이는 양사로 '하나의 색신', '하나의 법신'등의
뜻. 단 '一'자를 생략한 문장형태임.
【色身】 현상계에 나타나 가지고 있는 육신.
【法身】 佛家에서 말하는 法界 眞如의 이치와 일치하는 부처의 몸. 진리의
몸을 뜻함.

474(寶上-112) 芝草無根
지초는 뿌리가 없고

지초는 뿌리가 없고 예천醴泉은 근원이 없으니
지사는 의당 용기를 내어 날개를 펴야 한다.
채운은 흩어지기 쉽고 유리는 취약脆弱한 것이니
달인은 얼른 고개를 돌려 떠나야 한다.

芝草無根醴無源, 志士當勇奮翼;

彩雲易散琉璃脆, 達人當早回頭.

【醴泉】태평한 시대에 단물이 솟는다는 샘.
【奮翼】떨치고 일어나 날갯짓을 함. 여기서는 뿌리나 근원에 얽매이지 말고
용기를 낼 것을 강조한 말.

475(寶上-113) 少壯者
젊어 건장한 자는

젊어 건장한 자는 일마다 마땅히 의지를 사용해야 한다.
의지를 반대로 가볍게 가지면

한갓 아무 생각 없이 떠 있는 오리에 불과하니
어찌 구름 하늘에 떨쳐 오르는 날개를 펼칠 수 있겠는가?
쇠하고 늙은 자는 일마다 의당 감정을 잊어야 한다.
그 감정을 도리어 무겁게 가지면
한갓 녹록하게 끌채 밑에서 수레를 끄는 망아지일 뿐이니
어찌 강쇄疆鎖를 벗어버리는 몸이 될 수 있겠는가?

少壯者事事當用意,
　　而意反輕,
　徒汎汎作水中鳬而已,
　　何以振雲霄之翮?
　衰老者事事宜忘情,
　　而情反重,
　徒碌碌爲轅下駒而已,
　　何以脫繮鎖之身?

〈유월〉

【汎汎】둥둥 떠서 아무 생각 없음.
【水中鳬】물에 떠 있는 오리.
【翮(핵)】새의 날개를 움직이는 중요한 근육. 흔히 새는 이 翮을 6개 가지고 있
　다 하여 '六翮'으로 표현함.
【碌碌】하잘 것 없음.
【轅下駒】轅은 수레의 끌채. 망아지가 그저 아무런 생각없이 수레를 끌고 있
　는 상태.
【繮鎖(강쇄)】멍에와 고삐 등 마소를 부리기 위하여 사용하는 구속물.

476(寶上-114) 帆只揚五分
돛은 다만 반쯤만 올려야

돛은 다만 반쯤만 올려야 배가 편안히 가고,
물은 다만 반쯤만 부어야 그릇이 안정을 찾는다.
이를테면 한신韓信이 용략으로 황제를 놀라게 했지만 잡히고 말았고
육기陸機는 재주로 명성이 세상에 으뜸이었으나 죽음을 당하였다.
곽광霍光은 권세로 임금을 핍박하다가 패하였고
석숭石崇은 재물이 나라에 맞설 만했기 때문에 죽고 말았다.
이들은 모두가 십분 때문에 패함을 자초한 자들이다.
강절邵雍은 이렇게 말하였다.
"술을 마심에는 실컷 취하는 데에까지 이르도록 하지 말라.
꽃구경에는 삼가 싫증날 지경에까지 이르지 않도록 하라."
훌륭하도다, 그 말이여!

帆只揚五分, 船便安;

水只注五分, 器便穩.

如韓信以勇略震主被擒,

陸機以才名冠世見殺;

霍光敗于權勢逼君,

石崇死於財賦敵國,

皆以十分取敗者也.

康節云:「飮酒莫敎成酩酊,
　　　看花愼勿至離披.」
　　旨哉言乎!

【韓信】(?~B.C. 196). 楚漢戰의 명장이며 처음 項羽를 따랐으나 중용되지
　　못하자 劉邦에게 옮겨 蕭何의 추천으로 큰 공을 세움. 相國과 齊王의 높은
　　벼슬에 올랐으나 모반의 덫에 걸려 유방에게 잡혀 淮陰侯로 강등되면서
　　유명한 「兎死狗烹」과 「多多益善」의 고사를 남김. 뒤에 결국 呂后와 소하의
　　계략에 끌려 長樂宮에서 참수당함.《史記》92 淮陰侯列傳이 있음.
【陸機】자는 士衡(261~303). 晉나라 때 사람으로 조부 陸遜과 부친 陸抗이
　　모두 吳나라의 장군을 지냈으며 西晉이 吳를 멸하자 閉門讀書하다가 동생
　　陸雲과 함께 洛陽으로 들어가 권문세가를 섬기기 시작하였으며 平原内史를
　　지내 흔히 陸平原으로 불림. 그의 〈文賦〉는 중국문학사상 중요한 작품으로
　　널리 알려져 있음. 그러나 그는 八王之亂에 연루되어 결국 동생과 함께 피살
　　되었음.《晉書》권54에 傳이 있음.
【霍光】자는 子孟(?~B.C. 68). 漢나라 때 인물로 霍去病의 아우. 武帝 때 입궁
　　하여 昭帝가 8세에 즉위하자 곽광은 大司馬가 되어 그를 보좌하여 博陸侯의
　　작위를 얻음. 昭帝가 죽자 昌邑王(劉賀)을 세웠다가 음란하다는 이유로 폐하고,
　　다시 宣帝를 세웠으며 이로부터 정권을 농단하다가 결국 선제가 親政하면서
　　그 일족을 반역죄로 몰아 죽여버림. 그러나 선제는 그의 공을 높이 사서
　　麒麟閣에 그 형상을 그려 넣었다 함.《漢書》68에 傳이 있음.
【石崇】자는 季倫(249~300). 西晉 때 사람으로 중국 역사상 巨富로 알려진
　　인물. 河陽 金谷이라는 곳에 별장을 마련하여 사치와 부귀를 만끽한 인물.
　　그러나 潘岳 등과 결탁하여 賈后, 賈謐을 참소하였으나 도리어 免官되자
　　八王의 亂에 齊王(冏)에 참여하였다가 趙王(倫)에게 참살당함.《金谷詩序》가
　　있으며《晉書》33에 傳이 있음.
【康節】邵雍(1011~1077)을 가리킴. 자는 堯夫(요부). 北宋의 대표적인 성리학자.
　　百源學派의 영수이며 호는 安樂先生, 시호는 康節.《先天圖》,《皇極經世》,
　　《觀物篇》등을 남김. 前出.

477(寶上-115) 附勢者

세력에 빌붙은 자는

세력에 빌붙은 자는
마치 기생 식물이 나무에 의지하여 사는 것과 같아
나무가 베어지고 나면 그 기생 식물도 역시 마르고 마는 법이다.
이익을 훔쳐 사는 자는
마치 사람 창자 속의 영정蠑虹이라는 기생충이 도둑질하는 것과 같아
사람이 죽고 나면 그 영정도 역시 사멸하고 만다.
처음에는 세력과 이익으로 남에게 해를 끼치지만
끝내 세력과 이익으로 자신이 죽고 만다.
세력과 이익의 해됨이 마치 이와 같도다!

附勢者如寄生依木, 木伐而寄生亦枯;
竊利者如蠑虹盜人, 人死而蠑虹亦滅.
始以勢利害人,
終以勢利自斃,
勢利之爲害也如是夫!

【蠑虹(영정)】기생충의 일종, 疊韻語의 物名. 구체적으로 어떤 기생충인지는
알 수 없음. 南唐 譚峭의 《譚子化書》卷一에 "蠑虹者, 腸中之蟲也. 哺我
精氣, 鑠灼我魂魄, 盜我滋味, 而有其生"이라 함.

478(寶上-116) 失血于杯中
술잔에 피를 흘려 넘치도록

술잔에 피를 흘려 넘치도록 하면서
성성이의 술 좋아함에 웃음을 참아내고,
천막 위에 둥지를 지으면서
제비들이 안전을 탐하는 것을 가련하게 여기도다.

失血于杯中,
堪笑猩猩之嗜酒;
爲巢于幕上,
可憐燕燕之偸安.

〈한상자〉

【猩猩之嗜酒】고대 전설에 東漢 때 封溪縣에 猩猩(침팬지의 일종)이는 술을 좋아하여 사람들이 성성이를 잡으려고 술을 설치한 덫을 놓아 잡았다고 함. 이를 우리에 가두어두면 화가 난 성성이가 스스로 상처를 내어 피를 흘렸으며 사람들은 그 피를 고급 염료로 사용하였다고 함.
【偸安】목전의 안일만을 탐냄.

※《格言聯璧》悖凶類(590)에는「魚吞餌, 蛾撲火, 未得而先喪其身; 猩醉醴, 蚊飽血, 已得而隨亡其軀; 鷾食魚, 蜂釀蜜, 雖得而不享其利」라 함.

479(寶上-117) 鶴立鷄群
학이 여러 닭의 무리 속에 서 있으니

학이 여러 닭의 무리 속에 서 있으니
가히 초연하여 짝이 없다고 이를 수 있다.
그러나 나아가 대해의 붕새를 보면
아득히 스스로가 작음을 느끼게 되고
다시 나아가 아홉 층 하늘의 봉황을 찾아보면
그 높기가 미칠 수 없음을 알도다.
따라서 지인至人은 항상 없는 듯이 빈 듯이 하며,
풍성한 덕은 흔히 긍지를 갖지도 아니하고 자랑하지도 아니한다.

鶴立鷄群,

可謂超然無侶矣.

然進而觀於大海之鵬, 則渺然自小;

又進而求之九霄之鳳, 則巍乎莫及.

所以至人常若無若虛,

而盛德多不矜不伐也.

【鶴立群鷄】 '群鷄一鶴'과 같음. 《世說新語》容止篇에 「嵇延祖卓卓如野鶴之
　在群鷄」라 함.
【大海之鵬】 큰 바다의 붕새. 《莊子》逍遙遊篇에 실려 있음.
【九霄(구소)】 아홉 층의 높은 하늘.

480(寶上-118) 貪心勝者

마음에 이기기를 탐내는 자는

마음에 이기기를 탐내는 자는
짐승을 쫓으면서 태산이 바로 앞에 있는 것을 보지 못하고,
참새를 쏘면서 그 뒤에 깊은 우물이 있는 것을 알지 못한다.
마음에 이기기를 의심하는 자는
활 그림자를 보고 술잔에 뱀이 든 줄로 놀라고,
남의 말을 듣고 시중에 호랑이가 나타난 줄로 믿는다.
사람 마음이 한 번 치우치면 드디어 있는 것을 보고도 없는 것으로 여기고,
없는 것을 지어내고 있는 것을 만들었다고 여기는 것이 이와 같도다.
그러니 마음이 망동할 수 있는 것이로다!

貪心勝者, 逐獸而不見泰山在前,
　　　　彈雀而不知深井在後;
疑心勝者, 見弓影而驚杯中之蛇,
　　　　聽人言而信市上之虎.
人心一偏, 遂視有爲無,
　　　　造無作有如此.
　　　　心可妄動乎哉!

【彈雀】《戰國策》齊策(4),《韓詩外傳》(권10),《吳越春秋》(권5),《說苑》正諫篇
등에 널리 실려 있는 고사로 흔히 「螳螂捕蟬」의 성어로 알려져 있다. 後園의

나뭇가지에 사마귀는 자기 앞에 있는 매미를 잡아먹으려 노리고, 그 사마귀
뒤에는 참새가 노리고 있으며, 그 참새(꾀꼬리)를 잡으려고 사람이 총알을
겨누지만 그 앞에는 깊은 우물이 있음. 눈앞의 이익에 어두워 뒤따를 위험을
생각지 못함을 말함. 441(寶上 79)과 같은 주제임.

【弓影】활 그림자를 보고 뱀이 있는 것이 아닌가 놀람. 이 구절은 269(明後 47)
과 유사함.

【市上之虎】'三人成虎'와 같음. 세 사람이 시장에 호랑이가 나타났다고 똑같은
말을 하면 믿게 됨을 뜻함.《戰國策》秦策과 魏策 및《淮南子》說山訓에
실려 있음.

481(寶上-119) 蛾撲火
부나비가 불꽃에 덤벼들어

부나비가 불꽃에 덤벼들어 불이 나방을 태우니
재앙이 생겨남이 근본이 없다 이르지 말라.
열매를 심어 꽃이 피고 꽃이 열매를 맺으니
모름지기 복에는 그 원인이 있음을 알지니라.

蛾撲火, 火焦蛾,
　　　莫謂禍生無本;
果種花, 花結果,
　　　須知福之有因.

【蛾撲火(아박화)】 부나비가 불로 달려듦.

※ 淸 金纓의 《格言聯璧》悖凶類(590)에는 「魚呑餌, 蛾撲火, 未得而先喪其身;
猩醉醴, 蚊飽血, 已得而隨亡其軀; 鷥食魚, 蜂釀蜜, 雖得而不享其利」라 하였음.

482(寶上-120) 車爭險道
수레로 험한 길에서 다투고

수레로 험한 길에서 다투고 말을 타고 채찍을 서로 먼저 휘두르나
실패한 지경에 이르러서는 후회를 면하지 못하게 되고,
곡식을 산에 쌓을 정도로 많다고 좋아하고
황금이 한 말이 넘는다고 자랑하나
떠날 때 임해서는 오히려 빈 손뿐이로다.

車爭險道, 馬騁先鞭,
　　　　到敗處未免噬臍;
粟喜堆山, 金夸過斗,
　　　　臨行時還是空手.

【噬臍(서제)】 후회막급함을 이르는 말. '噬齊'로도 씀.《左傳》莊公 6년에
「亡鄧國者, 必此人也. 若不早圖, 後君噬齊」라 하고 注에「若齧腹齊, 喩不可
及也」라 함.

483(寶上-121) 花逞春光
꽃은 봄빛을 드러내다가

꽃은 봄빛을 드러내다가
비 한번, 바람 한번이면 진토로 되돌아감을 재촉하지만,
대나무는 고아한 절조를 견지하면서도
몇 번 서리에 몇 번 눈이면 오만함이 곧 낭간琅玗이 된다.

花逞春光,
　一番雨, 一番風, 催歸塵土;
竹堅雅操,
　幾朝霜, 幾朝雪, 傲就琅玗.

【琅玗(낭간)】 원래 옥처럼 생긴 돌, 그 모습이 대나무와 같아 좋은 대나무를
　지칭하는 말이 되었다.

※《增廣賢文》(283)에「花逞春光, 一番雨一番風, 催歸塵土; 竹堅雅操, 幾朝霜幾
　朝雪, 傲就琅玗」이라 하였다.

484(寶上-122) 富貴是無情之物
부귀는 정 없는 물건이다

부귀는 정 없는 물건이다.

그를 중하게 볼수록 그가 너를 해침이 그만큼 크다.

빈천은 오래 참고 사귈 친구이다.

그에게 처하기를 좋게 할수록 그는 너에게 이익됨이 도리어 깊다.

그러므로 상오商於 땅을 탐하고 금곡金谷을 연연해하는 자는

결국 그 한때에 영화가 죽음으로 드러나고,

단표簞瓢를 즐거워하고 폐온敝縕을 달게 여기는 자는

마침내 천재千載를 두고 그 아름다운 이름을 누리리라.

富貴是無情之物,

　　看得他重, 他害你越大;

貧賤是耐久之交,

　　處得他好, 他益你反深.

故貪商於而戀金谷者, 竟被一時之顯戮;

樂簞瓢而甘敝縕者, 終享千載之令名.

【商於(상오)】전국시대 衛鞅(公孫鞅)이 秦나라에 벼슬하여 이 상오 땅을 받아 商君이 되어 부귀의 권세를 누렸으나 결국 車裂刑에 처해졌으며, 다시 뒤에 張儀가 連橫策을 쓸 때 이 상오 땅 6백 리를 준다는 계략으로 楚 懷王을 속였으며 결국 회왕은 屈原의 간언을 무시하고 秦나라에 갔다가 그곳에서 죽은 고사를 가리킴.《史記》商君列傳과 張儀列傳을 참조할 것.

【金谷】晉나라 때 石崇(자는 季倫. 249~300)이 河陽 金谷이라는 곳에 별장을
마련하여 천하의 부귀를 만끽하였으며 귀척 羊琇, 王愷 등과 사치를 경쟁한
사건.《世說新語》太侈篇 등에 자세히 나와 있음. 그러나 석숭도 결국 八王
之亂에 齊王(冏)에 참여하였다가 趙王(倫)에게 참살당함.
【箪瓢】'一箪食一瓢飲'의 준말. 몹시 가난하나 괴로워하지 않음을 뜻함.《論語》
雍也篇에 "子曰:「賢哉, 回也! 一箪食, 一瓢飲, 在陋巷, 人不堪其憂, 回也不
改其樂. 賢哉, 回也!」"라 함.
【敝縕】낡은 헌 솜으로 지은 옷. 몹시 가난함을 뜻함.

※《增廣賢文》(357)에 「富貴是無情之物, 你看得他重, 他害你越大; 貧賤是耐久之交,
你處得他好, 他益你必多」라 하였다.

485(寶上-123) 鴿惡鈴而高飛
비둘기가 방울소리를 싫어하여

비둘기가 방울소리를 싫어하여 높이 날았지만
그 날개를 접으면 방울소리도 저절로 나지 않음을 알지 못하고,
사람이 그림자를 싫어하여 빨리 내달았으나
그늘에 들어서면 그림자가 저절로 사라짐을 알지 못하도다.
그러므로 어리석은 자는 한갓 질주하고 높이 날아
평지를 도리어 고해로 여기고
달사達士는 음지에 처하고 날개를 접을 줄 알아
가파른 바위도 역시 평탄한 길로 여긴다.

鴿惡鈴而高飛, 不知斂翼而鈴自息;
人惡影而疾走, 不知處陰而影自滅.

故愚夫徒疾走高飛, 而平地反爲苦海;

　達士知處陰斂翼, 而巉巖亦是坦途.

【鴿惡鈴】합은 비둘기. 비둘기 날개에 방울을 달아 그 소리를 싫어함.

【巉巖(참암)】아주 가파르고 높은 바위. 첩운어. 坦途에 상대하여 쓴 말.

486(寶上-124) 秋蟲春鳥
가을 벌레 봄 새는

가을 벌레 봄 새는 함께 천기를 펼치는 것이로다.

어찌 하필 삶을 희비로 낭비하리요?

늙은 나무와 새로핀 꽃은 함께 생의生意를 머금고 있는 것이로다.

어찌 망령되이 밉다 곱다를 구분하리요?

　秋蟲春鳥, 共暢天機,

　　　　何必浪生悲喜?

　老樹新花, 同含生意,

　　　　胡爲妄別媸姸?

【媸姸(치연)】媸는 추하게 생긴 여자, 姸은 곱게 생긴 여자. 美醜의 다른 말.

※《增廣賢文》(184)에「秋螢春鳥, 共暢天機, 何必浪生悲喜? 老樹新花, 同含生意, 胡爲妄別姸媸?」라 하였다.

487(寶上-125) 多栽桃李少栽荊
도리桃李를 많이 심고

도리桃李를 많이 심고 가시나무를 적게 심는 것이
곧 행복의 길을 여는 것이요,
시서詩書를 쌓지 않고 재물만을 치우치게 쌓는 것은
곧 재앙의 기초를 닦는 것과 같다.

多栽桃李少栽荊,

便是開條幸福路;

不積詩書偏積貨,

還如築個禍基.

【桃李】 가시나무에 상대되는 뜻으로 좋은 꽃과 열매를 동시에 보고 얻을
수 있음을 뜻함.
【詩書】 재물에 상대되는 말로 정신수양을 풍부하게 함을 뜻함.
【還如築個禍基】 이 구절은 첫 부분에 부사 '便'이나 '就', '方', '纔', '乃'등의
어느 한 글자가 있어야 한다. 누락된 것이 아닌가 한다.

488(寶上-126) 萬境一轍
만 가지 경우는 하나의 바퀴로써

만 가지 경우는 하나의 바퀴로써
원래 궁하거나 통하는 땅이 있는 것이 아니다.
만물은 하나이니 원래 저와 나의 분별이 있는 것이 아니다.
세상 사람은 진실에 미혹하여 허망한 것을 쫓으니
이것이 바로 탄탄대로에 스스로 하나의 구덩이를 설치하는 것이요,
굴 속에 스스로 울타리를 치는 것이니
진실로 족히 개탄할 만하도다!

萬境一轍,
原無地著個窮通;
萬物一體,
原無處分個彼我.
世人迷眞逐妄,
乃向坦途上自設一坷坎,
從空洞中自築一藩籬,
良足慨哉!

〈마성자〉

【坷坎(감가)】 구덩이. 쌍성어.

【藩籬(번리)】 울타리.

489(實上-127) 大聰明的人
크게 총명한 사람은

크게 총명한 사람은 작은 일에는 틀림없이 몽롱하게 마련이다.
크게 멍청한 사람은 작은 일에는 틀림없이 잘 살피게 마련이다.
대체로 살핌은 멍청함의 근본이요,
몽롱함은 바로 총명함의 동굴이다.

大聰明的人, 小事必朦朧;
大憎懂的人, 小事必伺察.
蓋伺察乃憎懂之根,
而朦朧正聰明之窟也.

【朦朧】 흐릿하여 잘 보이지 않음. 첩운어.
【憎懂】 흐리멍텅함. 멍청함. 첩운어.

490(實上-128) 大烈鴻猷
큰 열의와 큰 모책은

큰 열의와 큰 모책은
항상 유한하고 진정한 선비에게서 나오니 바삐 굴 필요가 없다.

아름다운 큰 복은
흔히 관홍하고 장후한 집안으로 모여드는 것이니
어찌 자질구레하게 굴리오!

大烈鴻猷,
常出悠閑鎭定之士,
不必忙忙;
休徵景福,
多集寬洪長厚之家,
何須瑣瑣!

〈유신과 완조〉

【鴻猷】 鴻은 大의 뜻, 猷는 謀策의 뜻.
【景福】 큰 복.《詩經》小雅 小明에 「嗟爾君子, 無恆安息. 靖共爾位, 好是正直. 神
之聽之, 介爾景福」이라 함.
【瑣瑣】 자질구레하게 굶.

491(寶上-129) 貧士
가난한 선비가

가난한 선비가 남을 구제하기를 좋아하니
이것이 바로 성천性天 가운데의 혜택이요,
시끄러움 속에서 능히 도를 배우니
바야흐로 심지心地 위의 공부工夫로다.

貧士肯濟人,

纔是性天中惠澤;

鬧場能學道,

方爲心地上工夫.

【性天】하늘로부터 받은 성품을 뜻함.
【心地】땅을 딛고 일을 처리하는 마음.
【鬧場】시끄러운 곳. 시끄러운 상황.

492(寶上-130) 人生
사람의 삶은

사람의 삶은 단지 욕(欲, 慾)자에 얽매어 있다.
문득 말이나 소처럼 사람의 멍에와 고삐를 들어야 하고
매나 개처럼 사물에 맡겨 채찍을 맞는다.
만약 과연 일념이 청명하고,
담연淡然히 욕欲을 없앤다면
천지도 나를 뱅뱅 돌릴 수 없고,
귀신일지라도 나를 부려 시킬 수 없을 것이니
하물며 일체의 구구한 사물임에랴!

人生只爲欲字所累,
　　便如馬如牛, 聽人羈絡,
　　爲鷹爲犬, 任物鞭笞.
若果一念淸明,
　　淡然無欲,
天地也不能轉動我,
鬼神也不能役使我.
況一切區區事物乎!

【羈絡(기락)】소나 말을 매어 부리는 끈.
【鞭笞】사냥을 위한 매나 개를 채찍이나 회초리로 때림.
【轉動】뱅글뱅글 돌림. 자신의 의지에 관계없이 부림을 당함.

493(寶上-131) 貪得者
얻기에 탐욕을 부리는 자는

얻기에 탐욕을 부리는 자는 몸은 부유해도 마음이 가난하고,
족함을 아는 자는 몸은 가난해도 마음은 부유하다.
그리고 높은 자리에 거하는 자는 몸은 한가롭지만 정신이 노고롭고,
아랫자리에 처하는 자는 몸은 노고롭지만 정신은 한가롭다.
누가 얻은 것이며 누가 잃은 것인가?

누가 환幻이며 누가 진眞인가?
달인이라면 의당 스스로 변별해 보라.

貪得者, 身富而心貧;
知足者, 身貧而心富;
居高者, 形逸而神勞;
處下者, 形勞而神逸.
　　孰得孰失?
　　孰幻孰眞?
　　達人當自辨之.

〈백석생〉

【形逸而神勞】 形(육신)은 편안하지만 정신이 노고로움.

494(寶上-132) 衆人以順境爲樂
많은 사람들은
순경順境을 즐거움으로 여기지만

많은 사람들은 순경順境을 즐거움으로 여기지만
군자는 즐거움이 역경에서 온다고 여긴다.
많은 사람들은 뜻이 흔들리는 것을 근심으로 여기지만
군자는 근심은 쾌의快意에서 일어난다고 여긴다.

대체로 많은 사람은 근심과 즐거움을 감정으로 다스리지만
군자는 근심과 즐거움을 이치로 다스린다.

　衆人以順境爲樂, 而君子樂自逆境中來;
　衆人以拂意爲憂, 而君子憂從快意處起.
　蓋衆人憂樂以情, 而君子憂樂以理也.

495(寶上-133) 謝豹覆面
사표謝豹라는 짐승은

사표謝豹라는 짐승은 얼굴을 가리니
스스로 부끄러워할 줄 아는 것 같고,
당서唐鼠라는 짐승은 창자를 바꾸니
스스로 후회할 줄 아는 것 같도다.
대체로 부끄러움愧과 후회悔 이 두 글자는
우리 사람에게 있어서는 악을 제거하고 선을 따르는 문이며
죽음에서 다시 살아나는 길이다.
사람의 삶에 만약 이러한 생각의 실마리가 없다면
이는 곧 이미 죽은 차가운 잿불이요,
이미 말라버린 고목이다.
그러니 어디에서 작으나마 삶의 이치를 찾아볼 수 있겠는가?

謝豹覆面, 猶知自愧;
唐鼠易腸, 猶知自悔.
蓋愧悔二字,
乃吾人去惡從善之門,
起死回生之路也.
人生若無此念頭,
便是旣死之寒灰,
已枯之槁木矣,
何處討些生理?

〈장도릉〉

【謝豹】 전설에, 虢州의 굴속에 사는 짐승으로 사람을 보면 앞다리를 내밀어 자신의 얼굴을 가려 마치 부끄럽다는 모습을 취한다 함.

【唐鼠】 전설에, 고대 唐房이 昇仙할 때 닭과 개 등을 모두 데리고 갔는데 오직 쥐만이 남아 사람에게 악한 짓을 많이 하였음. 이에 그 당방이 살던 집 쥐들은 한 달에 세 번 자신의 창자를 꺼내놓아 따라가지 못하였음을 후회하는 심정을 드러냈다고 함.

【寒灰】 식어서 싸늘하게 된 잿불.

【槁木】 枯木과 같음. 말라죽은 나무.

【討些】 討는 '찾다'의 뜻(討索). 些는 일부 약간의 뜻을 나타내는 백화어 표현.

496(寶上-134) 異寶奇琛
이상한 보물과 기이한 구슬은

이상한 보물과 기이한 구슬은
모두가 필연적으로 다툼을 유발하는 기구이다.
괴이한 절개와 기이한 행동은
흔히 상서롭지 못함을 무릅쓰는 명분이다.
모두가 평상대로 차근히 밟아가고
행동과 멈춤을 간이하게 하고
천지 혼악의 진실함을 완성하여
백성과 물건의 화평한 복을 누림만 같지 못하다.

異寶奇琛,

俱是必爭之器;

瑰節奇行,

多冒不祥之名.

總不若尋常歷履,

易簡行藏,

可以完天地渾噩之眞,

享民物和平之福.

安期生

〈안기생〉

【行藏】 행동을 드러냄과 이를 감추어 자숙하는 모습. 행동함과 행동을 하지 않음의 구분.

【渾噩(혼악)】 혼연하여 헤아릴 수 없는 큰 모습. 인간의 천진박실한 본성.

497(寶上-135) 福善
복과 선이란

복과 선이란 아득하고 어두운 곳에 있는 것이 아니라
곧 밥먹고 쉬고 기거하는 곳에서 그 속마음을 열어주는 창문에 있다.
재앙과 음란함은 그윽하고 묘망한 곳에 있는 것이 아니라
곧 동정動靜과 말하고 침묵하는 사이에 그 혼백을 빼앗음에 있다.
가히 알겠도다. 사람의 정상精爽은 항상 하늘에 통하고,
하늘의 위명은 사람에게 우거하고 있음을.
그러니 하늘과 사람이 어찌 서로 먼 관계이리오!

福善不在杳冥,
卽在食息起居處牖其衷;
禍淫不在幽渺,
卽在動靜語黙間奪其魄.
可見人之精爽常通於天,
天之威命卽寓於人,
天人豈相遠哉!

【杳冥(묘명)】아득하고 멂. 쌍성어.
【牖(유)】창문. 둥글게 만든 창.

〈四〉 閑適

《채근담》乾隆本(1794) 閒適篇

福善不在杳冥即在食息起居處贖其褒禍淫不
在幽渺即在動靜語黙間奪其魄可見人之精奧
常通于天天之威命即寓于人天人豈相遠哉

閒適

晝閒人舜聽數聲鳥語悠揚不覺耳根盡徹夜靜
天高看一片雲光舒卷頓令眼界俱空
世事如棋局不着得繞是高手人生似瓦盆打破
了方見真空

（左欄）

龍可拏非真龍虎可搏非真虎故爵祿可餌榮進
之輩必不可寵淡然無欲之人鼎鑊可及寵利之
流必不可加飄然遠引之士
一場閒富貴狠狠爭來雖得還是失百歲好光陰
忙忙過了縱壽亦為殀
高車嬌馬僻不如魚鳥解親人駟馬喜門高忿似
鶯花能避俗
紅燭燒殘萬念自然灰冷黃粱夢破一身亦似雲

《채근담》光緒本(1875) 閑寂篇

逸而神勞處下者形勞而神逸孰得孰失孰幻孰真
達人當自辨之
衆人以順境爲樂而君子樂自逆境中來衆人以拂
意爲憂而君子憂從快意遠起蓋衆人憂樂以情而
君子憂樂以理也
謝豹覆面而猶知自愧唐鳳易腸猶知自悔蓋悔二
字乃吾人去惡遷善之門起死回生之路也八生若
無此念頭便是旣死之裵灰已枯之槁木矣何處討
些生理
異寶奇瑰俱是必爭之器瑰節琦行多冐不祥之名

菜根譚

總不若尋常懜履易簡行藏可以完天地渾噩之眞
享民物和平之福
福善不在杳冥即在食息起居處贖其褒禍淫不在
幽渺即在動靜語黙間奪其魄可見人之精爽常通
于天天之威命即寓于人天人豈相遺哉

閒適

晝閒人寂聽數聲鳥語悠揚不覺耳根盡徹夜靜天
高看一片雲光舒卷頓令眼界俱空
世事如棋局不着的繞是高手人生似瓦盆打破了
方見真空

498(寶上-136) 畫閑人寂
한가로운 낮에

한가로운 낮에 사람도 고요한데
몇몇 새들 소리를 들으니 그윽함이 더하여
귀뿌리가 모두 통철함을 깨닫지도 못하는구나.
고요한 밤, 하늘은 높은데
한 조각 구름이 퍼졌다 말렸다 하는 것을 보니
눈에 보이는 세계가 모두 빈 것임을 뚜렷이 알겠도다.

畫閑人寂,
聽數聲鳥語悠揚,
不覺耳根盡徹:
夜靜天高,
看一片雲光舒卷,
頓令眼界俱空.

〈소사〉

【舒卷】 구름이 퍼졌다 말렸다 함. 한가로운 자연을 뜻함.
【頓令】 크게 깨달음.

499(寶上-137) 世事如棋局

세상 일이란 마치 바둑판과 같아

세상 일이란 마치 바둑판과 같아
거기에 매달리지 않아야 비로소 고수가 되는 것이요,
사람 삶이란 마치 기왓장이나 화분과 같아
이를 깨뜨려야 비로소 진짜 빈 것임이 드러나는 것이다.

世事如棋局,
不着得纏是高手;
人生似瓦盆,
打破了方見眞空.

〈동방삭〉

【棋局】 바둑이나 장기.
【瓦盆】 옹기 그릇의 총칭. 곁에서 보아서는 그 속이 빈 것임을 알 수 없음.

500(寶上-138) 龍可豢非眞龍

용이 가히 기를 수 있으면

용이 가히 기를 수 있으면 이는 진짜 용이 아니요
호랑이를 가히 잡을 수 있다면 이는 진짜 호랑이가 아니다.

그러므로 작록爵祿은 가히 영화로 나가는 무리의 미끼가 될 수는 있지만
결코 담연淡然히 욕심 없는 사람을 가둘 수 없다.
정확鼎鑊은 가히 총애와 이익의 유행에는 미칠 수 있지만
결코 표연飄然히 멀리 인도하는 선비에게는 아무것도 가할 수 없다.

龍可豢非眞龍;

虎可搏非眞虎;

故爵祿可餌榮進之輩,

必不可籠淡然無欲之人;

鼎鑊可及寵利之流,

必不可加飄然遠引之士.

〈종리권〉

【豢(환)】사람이 먹이를 주어 가금 따위를 기르는 것을 이름.
【鼎鑊(정확)】큰 솥. 여기서는 부귀영화를 누리는 고관대작을 뜻함.

501(寶上-139) 一場閑富貴
　　　　　한바탕의 멋진 부귀가

한바탕의 멋진 부귀가 미친 듯이 다투어 내게로 와서
비록 얻었다 하나 도리어 모두 잃을 것들이요,
백 년을 좋은 광음으로 보내어 바삐 지나가서
비록 장수했다 하나 역시 요절한 것이로다.

一場閑富貴, 狠狠爭來,
　　　雖得還是失;
百歲好光陰, 忙忙過了,
　　　縱壽亦爲夭.

【閑】 실질적이 아닌 것. 헛된 것.
【狠狠(한한)】 사납고 거친 행동의 모습.
【光陰】 세월. 시간.

※《增廣賢文》(499)에「一場閑富貴, 很很挣來, 雖得還是失; 百年好光陰, 忙忙
　過去, 縱壽亦爲夭」라 하였다.

502(寶上-140) 高車嫌地僻
높은 수레는 땅이 외짐을 싫어하나

높은 수레는 땅이 외짐을 싫어하나
어조魚鳥가 사람을 알아 친하게 다가옴에서 해방되느니만 못하며,
네 필 말이 대문 높은 것을 즐거워하나
어찌 꾀꼬리나 꽃이 능히 속세를 피함과 같겠는가?

高車嫌地僻, 不如魚鳥解親人;
駟馬喜門高, 怎似鶯花能避俗?

【魚鳥解親人】물고기나 새가 사람에게 먹이를 얻어먹음으로써 사람에게
　가까이 하는 것을 거부하고 자연으로 돌아감.
【怎(즘)】백화어 표현으로 '어찌'의 의문사. 흔히 怎麼(zěnme), 怎樣(zěnyàng)
　등으로 씀.
【鶯花】꾀꼬리와 꽃. 야생의 상태로 사람을 피함의 자연스러움을 뜻함.

503(寶上-141) 紅燭燒殘
붉은 촛불 다 타 없어지니

붉은 촛불 다 타 없어지니 만가지 상념이 자연히 식은 재처럼 냉랭하고
황량黃粱의 꿈이 깨어지니 한 몸이 역시 구름이 떠다니는 것 같구나.
천년을 두고 기이한 만남은 좋은 책에 어진친구 만한 것이 없고,
일생의 맑은 복이란 다만 한 잔 차와 화로 연기에 있을 뿐이로다.

　　　紅燭燒殘, 萬念自然灰冷;
　　　黃粱夢破, 一身亦似雲浮;
　　　千載奇逢, 無如好書良友;
　　　一生淸福, 只在碗茗爐煙.

【黃粱夢】'黃粱之夢'의 줄인 말. '粱'은 '粱'의 오자로 보임. 이는 唐 傳奇小說
　沈旣濟의 《枕中記》의 故事로 흔히 '邯鄲之夢', '一炊之夢'등으로 널리 알려져
　있음. 盧生이란 자가 邯鄲의 한 주막에서 呂翁이라는 道士를 만나 베개

하나를 얻어 꿈속에 온갖 부귀영화를 누리다가 깨어보니 주막에서 짓고
있던 黃粱(기장) 밥이 아직 뜸이 들기 전이었다 함. 비슷한 이야기가 《三國
遺事》에 '調信之夢'으로 실려 있다. '南柯一夢'과도 비슷한 고사이며 인생이
一場春夢의 허무한 꿈이라는 뜻. 그러나 원 글자대로 '黃粱'으로 하였을 경우
'노란색을 칠한 대들보'로 부귀영화를 누리는 부유한 집을 이르는 말로도
볼 수 있음.

【碗茗爐烟(완명로연)】 한잔의 차와 화로의 연기. 염담(恬淡)의 경지를 뜻함.

※ 다른 판본에는 "千載"이하를 별개의 장으로 나누었다.

※ 《增廣賢文》(432)에 「青冢草深, 萬念盡同灰冷; 黃粱夢覺, 一身都是雲浮」라 하였
　 으며, 같은 《增廣賢文》(498)에 「書中結良友, 千載奇逢; 門內産賢郞, 一家
　 活寶」라 하였다.

504(寶上-142) 蓬茅下誦詩讀書
봉모의 오두막에서 시를 외우고

봉모의 오두막에서 시를 외우고 책을 읽으니
말마다 성현聖賢들과 내가 주고받는 것이로다.
그러니 누가 가난을 두고 병이라 하였던가?
술 동이 옆에 천막을 치고 자리를 만드니
때마다 조화造化의 인온氤氳이 함께하도다.
그러니 누가 취하는 것이 선禪이 아니라고 일렀던가?

蓬茅下誦詩讀書,

日日與聖賢唔語,

誰云貧是病?

樽罍邊幕天席地,

時時共造化氤氳,

孰謂醉非禪?

【蓬茅】 쑥대로 대문을 만들고 띠로 지붕을 이은 가난한 집.

【貧是病】 가난은 병이 아님을 말함. 이는 原憲이 子貢을 맞아 한 말로《說苑》
과《韓詩外傳》,《新序》등에 널리 실려 있음.

【樽罍(준뢰)】 술동이.

【氤氳(인온)】 천지의 기가 서로 합하여 어울린 상태. 쌍성어.

505(寶上-143) 興來醉倒落花前
흥에 취하여 떨어지는 꽃잎 앞에

흥에 취하여 떨어지는 꽃잎 앞에 쓰러지니
천지가 곧 이불과 베개요,
기지가 식어 반석 위에 앉은 것을 잊으니
고금이 모두 하루살이에 속하도다.

興來醉倒落花前,

天地即爲衾枕;

機息坐忘盤石上,
　古今盡屬蜉蝣.

【蜉蝣(부유)】하루살이의 작은 벌레. 쌍성어의 物名.

506(寶上-144) 昂藏老鶴
앙장昂藏한 늙은 학은

앙장昂藏한 늙은 학은 비록 배가 고파도 마시고 쫌이 한가하니
어찌 닭이나 집오리가 영영營營히
먹이를 다투듯 하는 것을 긍정하겠는가?
언건偃蹇한 찬 소나무는 비록 늙어도 풍성한 표방이 자재하니
어찌 복사꽃 오얏꽃이 작작灼灼히
아름다움을 다투는 것과 같을 수 있겠는가?

昂藏老鶴, 雖饑飮啄猶閑,
　　肯同鷄鶩之營營而競食?
偃蹇寒松, 縱老豐標自在,
　　豈似桃李之灼灼而爭妍?

【昂藏(앙장)】메말랐으나 고고한 자태를 가리키는 첩운어.
【營營】어떤 일에 집착하여 서두르는 모습. 첩어.
【鷄鶩(계목)】닭이나 집오리 따위의 가금.
【偃蹇(언건)】꿋꿋하게 서 있는 모습을 표현한 첩운어.

507(寶上-145) 吾人適志於花柳
우리는 뜻을 화류가 난만한 때에 맞추고

우리는 뜻을 화류가 난만한 때에 맞추고
취미를 음악이 무르익는 곳에서 얻지만
이는 조화의 환경幻境이며
사람 마음의 탕념蕩念일 뿐이다.
모름지기 나뭇잎 떨어지고 풀이 마른 속에서,
그리고 명성도 희미하고 맛도 담담한 가운데서
약간의 소식消息을 찾아야만
비로소 이것이 건곤의 탁약槖籥이요
인물의 근원이 되는 것이다.

吾人適志於花柳爛漫之時,
得趣於笙歌騰沸之處,
乃是造化之幻境,
人心之蕩念也.

須從木落草枯之後,
向聲稀味淡之中,
覓得一些消息,
纔是乾坤的橐籥,
人物的根原.

【花柳】꽃과 버들. 그러나 일반적으로 "路柳墻花, 行人易折"(길 가의 버들이나 담장 밖의 꽃은 길 가던 사람 누구나 쉽게 꺾을 수 있음)이라 하여 '花柳界'의 뜻으로도 쓰임.

【幻境】실질이 없는 환상의 경지.

【蕩念】풀어져 방탕한 생각.

【消息】사라질 것은 사라지고 생겨날 것은 생겨나게 하는 본래의 이치. 쌍성어.

【纔】'才'와 같다. '~해야 겨우'의 강조법 문장에 쓰인다.

【橐籥(탁약)】대장간에서 쓰는 풀무. 텅 빈 공간에서 만물을 녹이는 변화를 내뿜음을 뜻함. 하늘과 땅을 창조하는 위대한 조물주의 풀무. 쌍성어의 물명. 《老子》제 5장에 「天地不仁, 以萬物爲芻狗; 聖人不仁, 以百姓爲芻狗. 天地之間, 其猶橐籥乎! 虛而不屈, 動而愈出. 多言數窮, 不如守中」이라 함.

【根原】만해본에는 '根宗'으로 표기되어 있음.

※《增廣賢文》(670)에 「適志在花柳燦爛, 笙歌沸騰處, 那都是一場幻境界; 得趣於木落草枯, 聲稀味淡中, 才覓得一些眞消息」이라 하였다.

508(寶上-146) 靜處觀人事
고요 속에 사람의 일을 관찰하니

고요 속에 사람의 일을 관찰하니
이윤과 여상의 훈용과 백이 숙제의 절의도
모두가 대해에 뜬 물거품이 아님이 없고,
한가한 속에 만물의 정을 즐기니
비록 목석의 깡마름이나 녹시鹿豕의 완준頑蠢함일지라도
모두가 내 본성의 진여眞如로다.

靜處觀人事, 卽伊呂之勛庸,
夷齊之節義, 無非大海浮漚;
閑中玩物情, 雖木石之偏枯,
鹿豕之頑蠢, 總是吾性眞如.

【伊呂】 伊尹과 呂尙. 伊尹은 고대 殷나라 高宗을 도와 나라를 부흥시킨 위대한 재상이며, 呂尙은 周나라 文王을 도와 紂를 정벌하고 공을 세운 姜太公(子牙)을 가리킴.

【夷齊】 伯夷와 叔齊. 원래 孤竹國의 두 왕자로 서로 왕위를 양보하다가 周나라 文王의 덕을 듣고 찾아갔으나 문왕은 죽고 그 아들 武王의 위패를 싣고 紂를 치는 것을 보고 간언하다가 결국 首陽山에 들어가 고사리로 연명하다가 죽었다 함.《史記》伯夷列傳에 자세히 실려 있음.

【鹿豕】 사슴과 멧돼지.

【頑蠢(완준)】 완고하고 어리석음.

【眞如】 佛敎에서 말하는 우주 萬有의 실체로서 현실적이며 평등 무차별한 절대 진리. 假相의 상대어.

509(寶上-147) 花開花謝
꽃이 피건 꽃이 지건

꽃이 피건 꽃이 지건 봄은 이를 관여하지 아니하니,
뜻대로 안 되는 일 남에게 말하지 말라.
물이 따뜻하건 물이 차건 고기는 스스로 알아차리니,
마음이 통하는 곳에서는 도리어 혼자 감상하기만을 기약하라.

花開花謝春不管,
拂意事休對人言;
水暖水寒魚自知,
會心處還期獨賞.

〈매복〉

【花謝】謝는 동사로 '꽃이 지다'의 뜻. 백화어 표현임.
【還】백화어 표현으로 '도리어, 오히려, 그래도'의 뜻을 나타내는 부사.

※《增廣賢文》(482)에 「水暖水寒魚自知, 花開花謝春不管.」이라 하였으며, 北宋 道原의《景德傳燈錄》袁州蒙山道明禪師에 「某甲雖在黃梅隨衆, 實未省自己面目. 今蒙指授入處, 如人飲水, 冷暖自知. 今行者, 卽是某甲師也」라 하였다. 이에 따라「如人飲水, 冷暖自知」, 「如魚飲水, 冷暖自知」 등의 성어가 있다.

510(寶上-148) 閑觀扑紙蠅
종이에 부딪치는 파리를

종이에 부딪치는 파리를 한가히 보면서
치인痴人이 스스로 장애를 만듦을 웃게 되고,
둥지를 다투는 까치를 조용히 보면서
걸사杰士가 헛되이 영웅을 다투는 것을 탄식하도다.

閑觀扑紙蠅,
笑痴人自生障碍;
靜睹競巢鵲,
嘆杰士空逞英雄.

〈황초평〉

【逞(영)】 다투고 자신감을 가짐. 자랑함.

511(寶上-149) 看破有盡身軀
이 몸이 끝내 모두 사라지고 말 것임을

이 몸이 끝내 모두 사라지고 말 것임을 간파하고 나니
만 가지 경우의 이 티끌 세상 인연이 저절로 식어지고,

허물어짐이 없는 경계로 들게 될 것임을 깨닫고 나니
한 바퀴 마음의 달이 홀로 밝도다.

看破有盡身軀, 萬境之塵緣自息;
悟入無壞境界, 一輪之心月獨明.

512(寶上-150) 土床石枕冷家風
　　　　흙 침대에 돌을 베개로 삼아

흙 침대에 돌을 베개로 삼아 가풍은 차겁지만
이불을 껴안고 잠잘 때는 혼백의 꿈조차 상쾌하도다.
보리밥에 콩국으로 담담한 맛이지만
젓가락을 놓은 곳에는 이와 뺨에서 오히려 향내가 나도다.

土床石枕冷家風,
擁衾時魂夢亦爽;
麥飯豆羹淡滋味,
放箸處齒頰猶香.

〈비장방〉

【放箸】 젓가락을 놓음. 식사를 마침.

513(寶上-151) 談紛華而厭者

분화紛華함을 말하되

분화紛華함을 말하되 싫다고 하는 자는
혹 분화함을 보면 기꺼워하는 경우가 있고,
담박을 화제로 하되 즐겁다고 하는 자는
혹 담박에 처하면 싫증을 내는 경우가 있다.
모름지기 농담濃淡의 견해를 씻어 없애고
좋고 싫음에 대한 정을 없애버려야
비로소 분화를 잊고 담박을 달게 여길 수 있느니라.

談紛華而厭者,
　或見紛華而喜;
　語淡泊而欣者,
　或處淡泊而厭,
　須掃除濃淡之見,
　滅却欣厭之情,
纔可以忘紛華而甘淡泊也.

〈마고〉

【紛華】 번화하고 화려함. 淡泊함의 상대되는 말.

514(寶上-152) 鳥驚心
새만 보아도 놀란 마음이요

새만 보아도 놀란 마음이요 꽃에 눈물을 뿌리는 것,
이는 뜨거운 애간장을 품고 있는 것이니
어찌 차거운 풍월을 얻을 수 있겠는가?
산 그림자를 베껴보고 물에 신비함을 전하는 것,
이는 내 진면목을 인식하는 것이니
바야흐로 이 환영幻影의 세계를 파탈擺脫할 수 있는 것이로다.

鳥驚心, 花濺淚,
　懷此熱肝腸,
如何領取得冷風月?
　山寫照, 水傳神,
　識吾眞面目,
方可擺脫得幻乾坤.

〈손등〉

【鳥驚心, 花濺淚】 새를 보고도 놀라고 꽃만 보아도 눈물이 남. 杜甫의 〈春望〉 시
에 「國破山河在, 城春草木深. 感時花濺淚, 恨別鳥驚心」이라 함.

515(寶上-153) 富貴的一世寵榮
부귀하여 일세를 총애와 영화로 보냈으면서

부귀하여 일세를 총애와 영화로 보냈으면서
죽음에 이르러서는 도리어 하나의 연戀자를 덧보탠다면
이는 무거운 짐을 짊어지는 것과 같고,
빈천하게 일세를 청고淸苦하게 살다가
죽음에 이르러 도리어 하나의 염厭자를 벗어버린다면
이는 무거운 형틀을 풀어버림과 같다.
사람이 진실로 이러한 경우에 도달할 것을 생각하면
의당 탐련貪戀의 뜻에서는 급히 돌아서고
근심과 고통의 눈살은 맹렬하게 펴야 하느니라.

富貴的一世寵榮,
到死時反增了一個戀字,
　　如負重擔;
貧賤的一世淸苦,
到死時反脫了一個厭字,
　　如釋重枷.
人誠想念到此,
當急回貪戀之旨,
而猛舒愁苦之眉矣.

〈남채화〉

【枷】 형틀, 목에 매는 고대의 형구.
【淸苦】 청빈한 괴로움.
【貪戀】 탐하여 연연함. 미련을 가짐.

516(寶上-154) 人之有生也
사람에게 생명이 있음은

사람에게 생명이 있음은
마치 태창의 쌀 한 톨과 같고
눈앞에 번쩍하고 사라지는 번갯불과 같으며,
깎아지른 절벽에 썩은 나무와 같으며
바다 멀리 물러서는 큰 파도와 같다.
이를 알고 나면 어찌 슬프지 않으며
어찌 즐겁지 않겠는가?
어찌 이를 간파하지 아니하여 삶을 탐하는 염려를 품을 수 있겠는가?
어찌 이를 중시하지 아니하여
삶을 헛되이 여기는 부끄러움을 남길 수 있겠는가?

人之有生也,
如太倉之粒米,
如灼目之電光,
如懸崖之朽木,
如逝海之巨波.

知此者, 如何不悲?

如何不樂?

如何看他不破而懷貪生之慮?

如何看他不重而貽虛生之羞?

【太倉】 옛날 국가에서 관리하는 큰 창고.

517(寶上-155) 鷸蚌相持
황새와 조개가
서로 물고 놓지 아니하며

황새와 조개가 서로 물고 놓지 아니하며
토끼와 사냥개가 모두 죽어 없어진다.
차갑게 바라보니 사람으로 하여금 맹기猛氣를 모두 사그러지도록 하는구나.
갈매기와 오리가 함께 목욕하고
사슴과 산돼지가 함께 잠을 잔다.
한가하게 관찰하니 나로 하여금 기지와 심사를 모두 사라지도록 하는구나.

鷸蚌相持,
兔犬共斃,
冷覷來令人猛氣全消;

鷗鳧共浴,
鹿豕同眠,
閑觀去使我機心頓息.

【鷸蚌相持(휼방상지)】황새와 큰 조개가 서로 물고 놓지 않음. '蚌鷸相爭', '漁父
之利'의 고사를 뜻함.《戰國策》燕策(二)에 자세히 실려 있음.

【兔犬共斃(토견공폐)】'兔死狗烹'과 같은 말. 토끼가 사라지니 사냥개가 삶기고
새가 없으니 좋은 활도 쓸모가 없다는 뜻으로《史記》淮陰侯列傳에 韓信이
高祖에게 잡혔을 때 한 말.「信曰: "果若人言, '狡兔死, 良狗亨(烹); 高鳥盡, 良
弓藏; 敵國破, 謀臣亡.'天下已定, 我固當亨(烹)!"」이라 함.

518(寶上-156) 迷則樂境成苦海
미혹하면 낙경樂境이 고해로 변하고

미혹하면 낙경樂境이 고해로 변하고
마치 물이 응고하여 얼음이 되듯 하는구나.
깨닫고 나니 고해가 낙경이 되고
마치 얼음이 물이 되듯 하는구나.
이렇게 보면 고락이란 두 가지 경우가 없으며
미혹함과 깨달음은 두 가지 마음이 아니로다.
오직 한번 생각을 돌리는 사이에 있을 뿐이로다.

迷則樂境成苦海, 如水凝爲氷;

悟則苦海爲樂境, 猶氷渙作水.

可見苦樂無二境,

迷悟非兩心,

只在一轉念間耳.

【樂境】苦海에 상대되는 뜻으로 즐거운 세계.

【苦海】불교에서 말하는 현세. 괴로움과 근심이 많은 바다에 비유한 것.

519(寶上-157) 遍閱人情
사람의 감정을 두루 살펴보면

사람의 감정을 두루 살펴보면

비로소 소광疎狂이 족히 귀함인 줄을 인식하게 되고,

세상의 맛을 갖추어 맛을 보면

바야흐로 담박淡泊함이라는 것이 진솔한 것임을 알게 된다.

遍閱人情, 始識疎狂之足貴;

備嘗世味, 方知淡泊之爲眞.

【疎狂】집착하지 아니하고 성글게 대하며 狂簡하게 살아감.

520(寶上-158) 地闊天高

땅은 넓고 하늘은 높지만

땅은 넓고 하늘은 높지만
오히려 붕새의 길은 좁고 작음을 깨닫고,
구름이 깊고 소나무 늙은 것으로
바야흐로 학의 꿈이 유한悠閑함을 알겠도다.

地闊天高, 尚覺鵬程之窄小;
雲深松老, 方知鶴夢之悠閑.

【鵬程】 행동의 거리가 지극히 원대함을 뜻함. '鵬程萬里'와 같음.《莊子》逍遙
遊篇 참조.

521(寶上-159) 兩個空拳握古今

두 개의 빈 주먹으로 고금을 쥐고 있으나

두 개의 빈 주먹으로 고금을 쥐고 있으나
꽉 쥐었을 때 도리어 손을 놓아야 하고,
한 개의 대나무 지팡이로 풍월을 짊어지고 있으나
짊어졌을 때 또한 어깨를 쉬게 해야 하느니라.

兩個空拳握古今,
握住了還當放手;
一條竹杖挑風月,
挑到時也要息肩.

〈마고〉

【挑(도)】 어깨에 짐을 지거나 나무 막대기의 짐을 어깨로 지는 것을 뜻함.

522(寶上-160) 堦下幾點飛翠落紅
섬돌 아래에 몇 개의 날리는
푸른 잎과 떨어지는 붉은 꽃은

섬돌 아래에 몇 개의 날리는 푸른 잎과 떨어지는 붉은 꽃은,
이를 거두어 주워보니 어느 하나 시詩의 재료가 아닌 것이 없고,
창문 앞의 한 조각 푸른 하늘과 비치는 흰 구름은,
깨닫는 곳으로 들어가니 모두가 선禪의 기틀이로다.

堦下幾點飛翠落紅,
收拾了無非詩料;
窗前一片浮青映白,
悟入處盡是禪機.

〈여동빈〉

【詩料】 시의 재료. 詩材와 같음.

【禪機】 선의 기틀. 선을 수행할 수 있는 재료나 바탕. 明 李開先의 〈暮春遊城
東水村〉에 「觸目皆詩料, 置身在畫圖」라 하였다.

※《增廣賢文》(611)에 「窗前一片浮靑映白, 悟入處, 盡是禪機; 階下幾點飛翠落紅,
收拾來, 無非詩料」라 하였다.

523(寶上-161) 忽覩天際彩雲
홀연히 하늘의 채색 구름을 보면

홀연히 하늘의 채색 구름을 보면,
항상 좋은 일이라는 것이 모두가 헛된 일이 아닌가 의심을 하게 되고,
다시 산중의 고목을 보면
바야흐로 한가한 사람이 복 있는 사람임을 믿게 되도다.

忽覩天際彩雲,
常疑好事皆虛事;
再觀山中古木,
方信閑人是福人.

〈장과〉

524(寶上-162) 東海水曾聞無定波
동해의 물이 일찍이 파도가
멈춘 적이 없다고 들었으니

동해의 물이 일찍이 파도가 멈춘 적이 없다고 들었으니
세상 일에 그 무엇이 팔을 비틀 일이 있겠는가?
북망산에 일찍이 빈 땅을 본 적이 없다 하였으니
사람 삶에 또한 저절로 눈썹이 편안하도다.

東海水曾聞無定波,
　　世事何須扼腕?
北邙山未省留閑地,
　　人生且自舒眉.

〈하선고〉

【扼腕(액완)】 팔을 비틀며 다투거나 조급히 여김.
【北邙山】 중국 洛陽 북쪽에 있는 고대 무덤 터. 흔히 인생의 허무를 비유하는 말
　로 거론됨.
【舒眉】 '눈썹을 펴다'는 뜻으로 마음을 편히 가져 얼굴을 폄을 뜻함.

※《增廣賢文》(526)에「東海曾聞無定波, 北邙未肯留閑地」라 하였으며, 같은
　《賢文》(080)의「北邙荒冢無貧富, 玉壘浮雲變古今」과 같은 주제이다.

525(實上-163) 天地尙無停息

천지는 오히려 그침도 쉼도 없고

천지는 오히려 그침도 쉼도 없고,
일월조차 차고 기욺이 있는데
하물며 구구한 인간 세상에 능히 일마다 원만하며
때마다 한가할 수 있겠는가?
단지 바쁜 가운데 한가함을 찾고
모자란 것을 만났을 때 족함을 알고 나면
조종操縱은 나에게 있는 것이요
일을 하고 쉬는 것이 자유로워지리라.
그리하면 조물造物도 나와 더불어 힘드니 편안하니 하는 논의나,
차니 기우니 하는 것을 비교할 수 없으리라.

天地尙無停息,

日月且有盈虧,

況區區人世能事事圓滿而時時暇逸乎!

只是向忙裡偸閑,

遇缺處知足,

則操縱在我,

作息自如,

卽造物不得與之論勞逸,

較虧盈矣.

【停息】 멈추거나 쉼.
【盈虧(영휴)】 달이 차고 기욺. 일월의 변화를 뜻함.
【偸閑(투한)】 바쁜 중에 한가로움을 찾음.
【造物】 천지 자연의 창조자, 조종자.

526(寶上-164) 霜天聞鶴唳
서리 내린 하늘에

서리 내린 하늘에 학 울음을 듣고
눈 내린 밤에 닭 울음을 듣게 되면
건곤의 청순한 기운을 터득하게 되고,
맑은 하늘 날아가는 새를 보고
콸콸 흐르는 물 속에 고기 노는 모습을 보게 되면,
우주의 활발한 기機를 인식하게 되도다.

霜天聞鶴唳,
雪夜聽鷄鳴,
得乾坤淸純之氣;
晴空看鳥飛,
活水觀魚戱,
識宇宙活潑之機.

〈조국구〉

【鶴唳(학려)】 학이 우는 소리. 자연의 여유로움을 뜻함.

※《增廣賢文》(533)에 「晴空看鳥飛, 流水觀魚躍, 識宇宙活潑之機; 霜天聞鶴唳, 雪夜聽鷄鳴, 得乾坤淸純之氣」라 하였다.

527(寶上-165) 閒烹山茗聽瓶聲
한가히 산에서 따온 차를 끓이면서

한가히 산에서 따온 차를 끓이면서 따르는 물병의 소리를 들으면서
화로 안 음양의 이치를 인식하고,
마구 놓는 바둑판의 놀이를 구경하면서
손 안에 살기가 살아남을 깨닫도다.

閒烹山茗聽瓶聲,
爐內識陰陽之理;
漫履楸枰觀局戲,
手中悟生殺之機.

〈좌자〉

【楸枰(추평)】 바둑판을 뜻함. 溫庭筠의 시에 「閑對楸枰傾一壺」라 함.

528(寶上-166) 芳菲園圃看蜂忙
꽃 핀 텃밭에서
벌 바삐 날아다니는 것을 보느라면

꽃 핀 텃밭에서 벌 바삐 날아다니는 것을 보느라면
티끌세상의 온갖 감정과 세태를 간파하게 되고,
적막한 오두막에서 제비 잠자는 모습을 보느라면
일종의 차가운 취향과 그윽한 심사가 일어난다.

芳菲園圃看蜂忙,
覷破幾般塵情世態;
寂寞衡茅觀燕寢,
引起一種冷趣幽思.

〈사마진인〉

【覷破(처파)】 看破와 같음. 알아차림.
【幾般】 몇 가지. 백화어 표현임. 아래 구의 '一種'과 대를 이룬 양사의 결합.
【衡茅】 衡門과 같으며 오두막집을 뜻함.
【冷趣】 차고 깨끗한 逸趣.

※《增廣賢文》(565)에 「寂寞衡茅觀燕寢, 引起一段冷趣幽思; 芳菲園圃看蝶忙,
覷破幾般塵情世態」라 하였다.

529(寶上-167) 會心不在遠

마음의 깨달음은 멀리 있는 것이 아니요

마음의 깨달음은 멀리 있는 것이 아니요,
일취逸趣를 얻는 것은 많음에 있는 것이 아니다.
화분만한 연못에 주먹만한 돌 하나에도
곧 거연居然히 만리 산천의 형세가 있고,
한 마디 말 속에도
곧 완연宛然히 만고 성현의 마음을 볼 수 있다.
이것이 고사의 안계眼界요
달인의 흉금胸襟이로다.

會心不在遠,
得趣不在多.
盆池拳石間,
便居然有萬里山川之勢;
片言隻語內,
便宛然見萬古聖賢之心.
纔是高士的眼界,
達人的胸襟.

〈조국구〉

【會心】 사물의 이치를 마음으로 깨달음.
【盆池拳石】 화분 크기만한 아주 작은 연못이나 주먹만한 돌.
※ 이 장은 227(明後 5)과 주제가 같음.

530(寶上-168) 心與竹俱空
　　　마음과 대나무는
　　　똑같이 모두 속이 빈 것이니

마음과 대나무는 똑같이 모두 속이 빈 것이니
묻건대 옳고 그름이 어디에 발을 편안히 들여놓을 수 있다는 것인가?
생각과 산은 함께 고요한 것이니
근심과 즐거움이 눈썹에 올라올 이유가 없음을 알겠도다.

　心與竹俱空, 問是非何處安脚?

　念與山同靜, 知憂喜無由上眉.

【安脚】발을 들여놓아 편히 여김.
【上眉】憂喜의 감정을 얼굴에 드러냄.

531(寶上-169) 趨炎雖暖
　　　불길에 가까이 가면
　　　비록 따뜻하기는 하겠지만

불길에 가까이 가면 비록 따뜻하기는 하겠지만
따뜻한 뒤에는 곧 차거움을 더 느끼게 된다.

사탕수수를 먹으면 능히 달게 여길 수는 있으나
단맛 나머지는 곧 쓴맛이 생겨난다.
어찌 뜻을 청수淸修함에 길러 염량炎凉에 간섭을 당하지 아니하고,
마음을 담박淡泊함에 살게 하여 감고甘苦를 모두 잊어,
그 스스로 터득함이 더욱 많은 것과 같겠는가?

趨炎雖暖,

暖後更覺寒威;

食蔗能甘,

甘餘便生苦趣.

何似養志於淸修而炎凉不涉,

棲心於淡泊而甘苦俱忘,

其自得爲更多也?

【蔗(자)】 사탕수수. 흔히 甘蔗로 표기함.《世說新語》排調篇에「顧長康啖甘
　蔗, 恒自尾至本. 人問所以? 云: "漸入佳境"」이라 하였다.

※《增廣賢文》(527)에「趨炎雖暖, 暖後更覺寒增; 食蔗能甘, 甘餘便生苦趣」라
　하였다.

532(寶上-170) 席擁飛花落絮
　　　　흩날리는 꽃잎과
　　　　떨어지는 솜을 끌어모아

흩날리는 꽃잎과 떨어지는 솜을 끌어모아
자리를 잡는 것은 숲 속의 금수단인錦繡團裀을 깔고 앉은 것이요,
흰 눈과 맑은 물을 화롯불에 끓이는 것은
천상의 영롱한 액체의 정수를 끓이는 것이로다.

　　席擁飛花落絮, 坐林中錦繡團裀;

　　爐烹白雪清氷, 熬天上玲瓏液髓.

【錦繡團裀(금수단인)】비단에 수를 놓은 둥그런 요. 자리. 자연의 꽃과 꽃솜을
뜻함.
【玲瓏】아주 빛이 나고 아름다운 모습. 쌍성어.

533(寶上-171) 逸態閑情
　　　　편안한 태도와 한가한 정은

편안한 태도와 한가한 정은
오직 스스로 숭상하는 것을 기약하는 것이니
어찌 옷 가의 폭을 다듬는 일에 매달리겠는가?

청정함에 대한 표방이나 오만히 굴 수 있는 태도는
남의 불쌍히 여김을 원하지 아니하니
연지를 많이 소비하는 노고를 들이지 말 것이니라.

逸態閑情,
惟期自尙,
何事外修邊幅?
清標傲骨,
不願人憐,
無勞多費臙脂.

〈허진군〉

【傲骨】 자신의 지조에 대하여 오만할 정도로 올곧게 행동함. 戴埴의 《鼠璞》에
「唐人李白不能屈身, 以腰間有傲骨」이라 하였다.

【邊幅】 옷 가장자리를 예쁘게 꾸며 겉모습을 다듬는 일. 옷차림이나 외양을 중
시하는 일.

【臙脂】 여인들의 화장품. 얼굴을 화장하여 겉모습을 꾸미는 일.

※《增廣賢文》(300)에 「逸態閑情, 惟期自尙; 淸標傲骨, 不願人憐」이라 하였다.

534(寶上-172) 天地景物
천지의 경물이란

천지의 경물이란,
이를테면 산간에 공중으로 뻗은 푸른 색,

물 위에 넘실대는 여울 물결,

못 가운데의 구름 그림자,

풀 들녘의 안개 빛깔,

달 아래의 꽃 모습,

바람 속의 버들 자태 등이로다.

있는 듯도 하고 없는 듯도 하며

반은 진眞이요 반은 환幻이니,

사람의 마음과 눈을 즐겁게 하기에 최고로 족한 것이로다.

진실로 천지간에 하나의 묘경妙境이로다!

天地景物:

　　如山間之空翠,

　　　水上之漣漪,

　　　潭中之雲影,

　　　草際之烟光,

　　　月下之花容,

　　　風中之柳態.

　　　若有若無,

　　　半眞半幻,

　　最足以悅人心目,

　　　而豁人性靈.

　　眞天地間一妙境也!

〈왕질〉

【漣漪】 물결이 잔잔하게 넘실거림.

535(實上-173) 樂相關禽對語
뜻을 즐겁게 가지니

뜻을 즐겁게 가지니 서로 새와 대화를 할 수 있고
향기를 뿜어내니 나무와 꽃이 끊임없이 차례를 이루도다.
이것이 바로 이도 없고 저도 없는 진기眞機로다.
들의 색깔은 다시 산과 이어져 끊어짐이 없고
하늘 광채는 항상 물과 서로 이어져 있도다.
이것이 바로 위와 아래를 다 꿰뚫은 진경眞境이로다.
우리는 때마다 이러한 경상으로서 마음의 눈을 주시하니
어찌 심사가 활발活潑하지 못할까 근심하며,
어찌 기상이 관평寬平하지 못할까 근심하겠는가?

樂意相關禽對語,
生香不斷樹交花,
此是無彼無此的眞機;
野色更無山隔斷,
天光常與水相連,
此是徹上徹下的眞境.
吾人時時以此景象注之心目,
何患心思不活潑,
氣象不寬平?

【眞機】 사물의 진실한 본래대로의 기틀.
【眞境】 본래의 모습. 幻境에 상대되는 말.
【寬平】 너그럽고 화평한 상태.

536(寶上-174) 鶴唳雪月霜天
학이 눈 내린
달빛 서리 내린 하늘에 우니

학이 눈 내린 달빛 서리 내린 하늘에 우니
굴대부屈大夫가 깨었을 때의 격렬함을 보고 싶고,
갈매기가 봄바람 따뜻한 날에 잠자고 있으니
도처사陶處士가 취했을 때의 풍류를 알 수 있구나.

鶴唳雪月霜天,
想見屈大夫醒時之激烈;
鷗眠春風暖日,
會知陶處士醉裡之風流.

【屈大夫】 三閭大夫 屈原을 가리킴. 전국시대 楚나라 대부이며 〈漁父辭〉와
〈離騷〉에서 자신의 깨끗함을 매우 강조하여 격렬한 감정을 드러내었음.
【陶處士】 晉나라 때의 田園詩人 陶淵明(陶潛)을 가리킴. 〈歸去來辭〉, 〈五柳
先生傳〉, 〈飮酒〉 등의 작품에서 전원생활의 한가함과 술에 대한 글을 많이
남겼음.

537(寶上-175) 黃鳥情多
꾀꼬리는 정이 많아

꾀꼬리는 정이 많아
항상 꿈속에 취객을 부르고,
흰 구름은 뜻이 게을러
곧 한벽閑僻한 곳에서 그윽한 사람에게 사랑을 받도다.

黃鳥情多, 常向夢中呼醉客;
白雲意懶, 便來僻處媚幽人.

【黃鳥】 꾀꼬리. 黃鶯.
【僻】 한벽한 곳.

538(寶上-176) 棲遲蓬戶
오두막에 살고 있어

오두막에 살고 있어 듣고 보는 것이
비록 묶여 있다 하여도 신정神精은 저절로 확 트였고,
산옹山翁과 친구로 삼아 사귀고 있어
의문儀文이 비록 소략하다 하여도 의념意念은 항상 진솔하도다.

棲遲蓬戶, 耳目雖拘而神精自曠;

納結山翁, 儀文雖略而意念常眞.

【棲遲】 조급함이 없이 느긋하게 삶을 이어감. 《詩經》 陳風 衡門에 「衡門之下,
可以棲遲」라 하였다.

【儀文】 남에게 갖추어야 할 여러 가지 예의나 인간관계에서의 격식을 뜻한다.

※《增廣賢文》(032)에 「棲遲蓬戶, 耳目强拘而神情自曠; 結納山翁, 儀文强略而意
念常眞」이라 하였다.

539(寶上-177) 滿室淸風滿几月
방 안 가득 맑은 바람에

방 안 가득 맑은 바람에 책상 가득 흐드러진 달빛,
앉은 가운데 물건마다 천심天心을 보여주도다.
 한 계곡의 흐르는 물과 산 하나에 피어오른 구름,
가는 곳 때때로 묘도妙道를 구경하도다.

滿室淸風滿几月, 坐中物物見天心;

一溪流水一山雲, 行處時時觀妙道.

【天心】 하늘의 본마음. 대자연의 진면목.

【妙道】 우주 자연의 오묘한 도.

540(寶上-178) 炮鳳烹龍
봉황을 굽고 용을 삶아도

봉황을 굽고 용을 삶아도
젓가락을 놓을 때는 절인 부추 소금맛과 차이가 없고,
금을 매달고 옥을 찰지라도
재로 변한 곳에서는 기와나 자갈과 무엇이 다르겠는가?

炮鳳烹龍,
放箸時與齏鹽無異;
懸金佩玉,
成灰處共瓦礫何殊?

〈도홍경〉

【炮鳳烹龍(표봉팽룡)】 아주 진귀한 음식을 뜻함. 흔히 鳳은 닭 요리를, 龍은 잉어로 만든 요리를 높여부르는 표현. 元 王實甫의 《西廂記》(제2본 제4절)에 「俺娘昨日個大開東閣, 我只道怎生般炮鳳烹龍」이라 하였다.

【齏鹽(제염)】 소금에 절인 부추. 혹 鹽은 소금에 절여 만든 염장류의 반찬. 齏는 푸성귀 따위를 썰어 만든 것. 하찮은 음식을 뜻한다. 《增廣賢文》에는 '鹽齏'로 되어 있다.

【瓦礫(와력)】 깨어지고 부서진 기왓조각이나 자갈. 金玉에 상대하여 쓴 말.

※《增廣賢文》(239)에 「炮鳳烹龍, 放箸時與鹽齏無異; 懸金佩玉, 成灰處于瓦礫何殊?」라 하였다.

541(寶上-179) 掃地白雲來

마당을 쓰니 흰 구름이 다가오네

마당을 쓰니 흰 구름이 다가오네.
겨우 공부에 전념하려니 문득 장애가 되는구나.
못을 파니 명월이 들어오더라.
텅 빈 세상이 저절로 환해지는구나.

掃地白雲來,
繞着工夫便起障;
鑿池明月入,
能空境界自生明.

〈배항〉

【起障】 공부에 착수하려던 마음이 구름에 끌려 다른 여유를 찾게 됨을 뜻함.
【境界】《增廣賢文》에는 '「靈竅'로 되어 있다.
【生明】 못에 비친 달로 비었던 공간에 밝은 빛이 비침.

※《增廣賢文》(135)에 「掃地紅塵飛, 才著工夫便起障; 開窗日月進, 能通靈竅自
生明」이라 하였다.

542(寶上-180) 造化喚作小兒
조화造化에 대해서도

조화造化에 대해서도 이를 어린 아이 불러 시키듯이 하여
그(자연조화)에게 희롱을 받지는 말라.
천지에 대하여도 무릇 큰 덩어리로 여겨
모름지기 나의 용광로와 망치에 맡길지니라.

造化喚作小兒,
切莫受渠戲弄;
天地凡爲大塊,
須要任我爐錘.

〈손사막〉

【造化】 조물주. 자연조화. 이것에 구속당하여 피동적으로 이끌리지 말기를 권
고한 것임.

543(寶上-181) 想到白骨黃泉
백골이 황천에 이를 것을 생각함에

백골이 황천에 이를 것을 생각함에 미치니
장사壯士의 간장이 저절로 차거워지고,

맑은 시내 푸른 산에 앉아 늙음을 맞으니
세속의 유행에 묻혔던 흉차胸次가 역시 활짝 열리누나.

想到白骨黃泉,
壯士之肝腸自冷;
坐老淸溪碧嶂,
俗流之胸次亦開.

〈담초〉

【胸次】 가슴에 담아 두었던 생각들. 胸懷와 같음.

544(寶上-182) 夜眠八尺
밤의 잠자리는 겨우 여덟 자면 되고

밤의 잠자리는 겨우 여덟 자면 되고 하루 먹는 밥은 두 되일 뿐인데
어찌 오만가지 계교計較가 필요하리요?
독서는 다섯 수레나 되고 재주는 여덟 말이나 된다 해도
하루 청한淸閑히 보냈다는 말을 듣지 못하였네.

夜眠八尺, 日啖二升,
何須百般計較?

書讀五車, 才分八斗,
　　　未聞一日淸閑.

【百般】 '오만가지'의 뜻.

【讀書五車】 많은 책을 뜻함. 杜甫의 〈題柏學士茅屋詩〉에 「富貴必從勤苦得,
男兒須讀五車書」라 함.

【才分八斗】 재주와 분수가 여덟 말이나 될 정도로 풍부함. 흔히 曹植의 재주가
뛰어났음을 말함.《南史》謝靈運傳에 「靈運曰: 天下才共一石, 曹子建獨得
八斗, 我得一斗, 自古及今共用一斗」라 하였고, 그의 시에 「用盡陳王八斗才」
라 함.

※《增廣賢文》(666)에 「良田萬頃, 一食三餐; 大厦千間, 夜眠八尺」이라 하였으며,
《十二樓》〈三與樓〉(제1회)에 「終日坐其中, 正合著命名之方, 方曉得捨少務多,
反不如棄名就實. 俗語四句果然說得不差: "良田萬頃, 一食一升; 廣厦千間, 夜眠
八尺."前那些物力, 都是虛費了的」이라 하였다. 그리고《明心寶鑑》省心篇에는
「大厦千間, 夜臥八尺. 良田萬頃, 日食二升」이라 하였다.

Ⅱ. 권하卷下

〈寶光寺本〉 洪應明(著)

이하 〈보광사〉본의 권하卷下는 단지 「개론편概論篇」이라는 구분 밖에 없으며, 문장은 전체가 〈명각본明刻本〉(續修四庫全書, 洪自誠)의 내용과 같고 총 201장의 글이 들어 있다. 그리고 주광후 서문본 「속유편續遺篇」에 역시 〈명각본〉의 나머지(일부는 없음) 153장의 글이 들어 있다. 다만 순서는 전혀 다르며 일부 구절의 글자도 차이가 있다. 이에 이를 모두 일련번호를 부여하여 참고로 삼되, 같은 장의 일련번호를 말미 [ ]에 넣어 대조하기에 편하도록 하였다.

〈一〉概論

君子之心事天青日白不可使人不知君子之才
華玉韞珠藏不可使人易知
耳中常聞逆耳之言心中常有拂心之事纔是進
德備行得砥石若言言悅耳事事快心便把此生
埋在鴆毒中矣
疾風怒雨禽鳥戚戚霽月光風草木欣欣可見天
地不可一日無和氣人心不可一日無喜神
釀肥辛甘非真味真味只是淡神奇卓異非至人

境界自生明
造化喚作小兒切莫受渠戲弄天地九為大塊須
要住我爐錘
想到白骨黃泉壯士之肝腸自冷坐老清溪碧嶂
俗流之胷次亦閒
夜眠八尺日噉二升何須百般計較書讀五車才
分八斗未聞一日清閒
　　樂論

《채근담》 乾隆本(1794) 樂論篇

君子之心事天青日白不可使人不知君子之才華
玉韞珠藏不可使人易知
耳中常聞逆耳之言心中常有拂心之事纔是進德
修行的砥石若言言悅耳事事快心便把此生理在
鴆毒中矣
疾風怒雨禽鳥戚戚霽月光風草木欣欣可見天地
不可一日無和氣人心不可一日無喜神
釀肥辛甘非真味真味只是淡神奇卓異非至人至
人只是常
夜深人靜獨坐觀心始知妄窮而真獨露每於此中
得大機趣既覺真現而妄難逃又於此中得大慚悔
　　萊根譚

掃地白雲來繞着工夫便起障礙池明月入能空境
界自生明
造化喚作小兒切莫受渠戲弄天地九為大塊須要
任我爐錘
想到白骨黃泉壯士之肝腸自冷坐老情溪碧嶂俗
流之胸次亦閒
夜眠八尺日噉二升何須百般計較書讀五車才分
八斗未聞一日清閒
　　樂論

《채근담》 光緒本(1875) 樂論篇

545(實下-1)

君子之心事, 天青日白, 不可使人不知;
君子之才華, 玉韞珠藏, 不可使人易知.[003]

546(實下-2)

耳中常聞逆耳之言;
心中常有拂心之事, 纔是進德修行的砥石.
　　若言言悅耳, 事事快心,
　　　便把此生, 埋在鴆毒中矣.[005]

547(實下-3)

疾風怒雨, 禽鳥戚戚;
霽日光風, 草木欣欣.
可見天地不可一日無和氣;
　　人心不可一日無喜神.[006]

548(寶下-4)

醲肥辛甘非眞味, 眞味只是淡;
神奇卓異非至人, 至人只是常.[007]

549(寶下-5)

夜深人靜, 獨坐觀心:
　　始覺妄窮而眞獨露. 每於此中, 得大機趣.
　　旣覺眞現而妄難逃. 又於此中, 得大慚悔.[009]

550(寶下-6)

恩裡由來生害, 故快意時, 須早回頭;
敗後或反成功, 故拂心處, 切莫放手.[010]

551(寶下-7)

　　藜口莧腸者, 多冰清玉潔;
　　衰衣玉食者, 甘婢膝奴顏.
　蓋志而澹泊明, 而節從肥甘喪矣.[011]

552(寶下-8)

　　面前的田地, 要放得寬,
　　　　　　　　使人無不平之嘆;
　　身後的惠澤, 要流得長,
　　　　　　　　使人有不匱之思.[012]

553(寶下-9)

　　路徑窄處, 留一步與人行;
　　滋味濃的, 減三分讓人嗜.
　　此是涉世一極樂法.[013]

554(寶下-10)

作人無甚高遠的事業,
　　　擺脫得俗情, 便入名流.
爲學無甚增益的功夫,
　　　減除得物累, 便超聖境.[014]

555(寶下-11)

寵利毋居人前, 德業毋落人後;
受享毋踰分外, 修爲毋減分中.[016]

556(寶下-12)

處世讓一步爲高, 退步卽進步的張本;
待人寬一分是福, 利人實利己的根基.[017]

557(寶下-13)

蓋世功勞, 當不得一個矜字;
彌天罪過, 當不得一個改字.[018]

558(寶下-14)

完名美節, 不宜獨任, 分些與人, 可以遠害全身;
辱行污名, 不宜全推, 引些歸己, 可以韜光養德.[019]

559(寶下-15)

事事留個有餘不盡的意思,
便造物不能忌我,
鬼神不能損我.
若業必求滿,
功必求盈者,
不生內變, 必招外憂.[020]

560(寶下-16)

家庭有個眞佛, 日用有種眞道.
人能誠心和氣, 愉色婉言.
使父母兄弟間, 形骸兩釋,
　　意氣交流, 勝於調息觀心萬倍矣.[021]

561(寶下-17)

攻人之惡, 毋太嚴, 要思其堪受;
敎人以善, 毋過高, 當使其可從.[023]

562(寶下-18)

糞蟲至穢, 變爲蟬, 而飮露於秋風;
腐草無光, 化爲螢, 而輝采於夏月.
　故知潔常自汚出, 明每從暗生也.[024]

563(寶下-19)

矜高倨傲, 無非客氣,
　　降伏得客氣下, 而後正氣伸；
情欲意識, 盡屬妄心,
　　消殺得妄心盡, 而後眞心現.[025]

564(寶下-20)

　　飽後思味, 則濃淡之境都消；
　　色後思淫, 則男女之見盡絶.
故人當以事後之悔悟；
　　破臨事之癡迷, 則性定而動無不正.[026]

565(寶下-21)

居軒冕之中, 不可無山林的氣味；
處林泉之下, 須要懷廊廟的經綸.[027]

566(寶下-22)

處世不必邀功, 無過便是功;
與人不求感德, 無怨便是德.[028]

567(寶下-23)

憂勤是美德, 太苦則無以適性怡情;
澹泊是高風, 太枯則無以濟人利物.[029]

568(寶下-24)

事窮勢蹙之人, 當原其初心;
功成行滿之士, 要觀其末路.[030]

569(寶下-25)

富貴家宜寬厚, 而反忌刻.
是富貴而貧賤其行, 如何能享?

聰明人宜斂藏, 而反炫耀,
是聰明而愚懵其病, 如何不敗?[031]

570(寶下-26)

人情反覆, 世路崎嶇.
　行不去, 須知退一步之法;
　行得去, 務加讓三分之功.[035]

571(寶下-27)

待小人, 不難於嚴, 而難於不惡;
待君子, 不難於恭, 而難於有禮.[036]

572(寶下-28)

寧守渾噩而黜聰明, 留些正氣還天地;
寧謝紛華而甘澹泊, 遺個清名在乾坤.[037]

573(寶下-29)

降魔者, 先降自心, 心伏則群魔退聽;
馭橫者, 先馭其氣, 氣平則外橫不侵.[038]

574(寶下-30)

養弟子如養閨女,
　　最要嚴出入, 謹交游.
　　若一接近匪人, 是淸淨田中,
　　下一不淨種子,
　便終身難植嘉苗矣.[039]

575(寶下-31)

欲路上事, 毋樂其便而姑爲染指.
　　　　一染指便深入萬仞;
理路上事, 毋憚其難而稍爲退步.
　　　　一退步便遠隔千山.[040]

576(寶下-32)

念頭濃者自待厚, 待人亦厚, 處處皆厚;
念頭淡者自待薄, 待人亦薄, 事事皆薄.
故君子居常嗜好:
　　不可太濃艷;
　　亦不宜太枯寂.[041]

577(寶下-33)

彼富我仁, 彼爵我義, 君子固不爲君相所牢籠;
人定勝天, 志一動氣, 君子亦不受造物之陶鑄.[042]

578(寶下-34)

立身不高一步立, 如塵裡振衣,
　　泥中濯足, 如何超達?
處世不退一步處, 如飛蛾投燭,
　　羝羊觸藩, 如何安樂?[044]

579(寶下-35)

學者, 要收拾精神, 幷歸一處,
如修德而留意於事功名譽, 必無實詣.
讀書而寄興於吟咏風雅, 定不深心.[045]

580(寶下-36)

人人有個大慈悲, 維摩屠劊無二心也;
處處有種眞趣味, 金屋茅簷非兩地也.
只是欲閉情封,
當面錯過,
使咫尺千里矣.[046]

581(寶下-37)

進德修行, 要個木石的念頭.
若一有欣羨, 便趨欲境;
濟世經邦, 要段雲水的趣味.
若一有貪著, 便墮危機.[047]

582(寶下-38)

肝受病, 則目不能視;

腎受病, 則耳不能聽.

病受於人所不見;

必發於人所共見.

故君子欲無得罪於昭昭;

先無得罪於冥冥.[049]

583(寶下-39)

福莫福於少事, 禍莫禍於多心.

惟省事者, 方知少事之爲福;

唯平心者, 始知多心之爲禍.[050]

584(寶下-40)

處治世宜方, 處亂世宜圓;

處叔季之世, 當方圓幷用.

待善人宜寬, 待惡人當嚴;
待庸衆之人, 宜寬嚴互存.[051]

585(寶下-41)

我有功於人不可念, 而過則不可不念;
人有恩於我不可忘, 而怨則不可不忘.[052]

586(寶下-42)

心地乾淨, 方可讀書學古.
　　不然, 見一善行, 竊以濟私;
聞一善言, 假以覆短.
是又藉寇兵, 而齎盜粮矣.[055]

587(寶下-43)

奢者富而不足, 何如儉者貧而有餘?
能者勞而俯怨, 何如拙者逸而全眞?[056]

588(寶下-44)

　　讀書不見聖賢, 爲鉛槧傭;
　　居官不愛子民, 爲衣冠盜;
　　講學不尙躬行, 爲口頭禪;
　　立業不思種德, 爲眼前花.[057]

589(寶下-45)

　　人心有部眞文章, 都被殘編斷簡封固了;
　　　　有部眞鼓吹, 都被妖歌艷舞湮沒了.
　　學者, 須掃除外物, 直覓本來, 纔有固眞受用.[058]

590(寶下-46)

　　苦心中, 常得悅心之趣;
　　得意時, 便生失意之悲.[059]

591(寶下-47)

富貴名譽:

自道德來者, 如山林中花. 自是舒徐繁衍.

自功業來者, 如盆檻中花. 便有遷徙廢興.

若以權力得者, 如瓶鉢中花.

其根不植, 其萎可立而待矣.[060]

592(寶下-48)

棲守道德者, 寂寞一時;

依阿權勢者, 凄涼萬古.

達人權物外之物, 思身後之身,

寧受一時之寂寞, 毋取萬古之凄涼.[001]

593(寶下-49)

春至時和, 花尚鋪一段好色;

鳥且囀幾句好音.

士君子幸列頭角,

復遇溫飽, 不思立好言行好事,
　　　　雖是在世百年,
　　　　恰似未生一日.[061]

594(寶下-50)

　學者, 要有段兢業的心思;
　　又要有段瀟洒的趣味.
　　　若一味斂束清苦,
　　　是有秋殺無春生,
　　　何以發育萬物?[062]

595(寶下-51)

　眞廉無廉名, 立名者, 正所以爲貪;
　大巧無巧術, 用術者, 乃所以爲拙.[063]

596(寶下-52)

心體光明, 暗室中有靑天;
念頭暗昧, 白日下生厲鬼.[066]

597(寶下-53)

人知名位爲樂,
不知無名無位之樂爲最眞;
人知饑寒爲憂,
不知不饑不寒之憂爲更甚.[067]

598(寶下-54)

爲惡而畏人知, 惡中猶有善路;
爲善而急人知, 善處卽是惡根.[068]

599(寶下-55)

天之機緘不測, 抑而伸, 伸而抑.
　　皆是播弄英雄, 顛倒豪傑處.
　君子只是逆來順受, 居安思危,
天亦無所用其伎倆矣.[069]

600(寶下-56)

福不可邀, 養喜神以爲召福之本;
禍不可避, 去殺機以爲遠禍之方.[071]

601(寶下-57)

十語九中, 未必稱奇. 一語不中, 則衍尤騈集;
十謀九成, 未必歸功. 一謀不成, 則訾議叢興.
　君子所以寧默毋躁, 寧拙毋巧.[072]

602(寶下-58)

天地之氣, 暖則生, 寒則殺.
　故性氣淸冷者, 受享亦凉薄.
　唯氣和心暖之人, 其福亦厚, 其澤亦長.[073]

603(寶下-59)

天理路上甚寬,
　　　稍游心, 胸中便覺廣大宏朗;
人欲路上甚窄,
　　　纔寄迹, 眼前俱是荆棘泥塗.[074]

604(寶下-60)

一苦一樂, 相磨煉, 煉極而成福者, 其福始久;
一疑一信, 相參勘, 勘極而成知者, 其知始眞.[075]

605(寶下-61)

地之穢者, 多生物;
水之清者, 常無魚.
故君子當存含垢納污之量;
　　不可持好潔獨行之操.[077]

606(寶下-62)

　泛駕之馬, 可就馳驅;
　躍冶之金, 終歸型範.
只一優游不振, 便終身無個進步.
白沙云:
　「爲人多病未足羞, 一生無病是吾憂.」
眞確實論也.[078]

607(寶下-63)

人只一念貪私, 便銷剛爲柔,
　塞智爲昏, 變恩爲慘,

染潔爲汚, 壞了一生人品.
故古人以不貪爲寶, 所以度越一世.[079]

608(實下-64)

耳目見聞爲外賊, 情欲意識爲內賊.
　　只是主人公, 惺惺不昧, 獨坐中堂,
賊便化爲家人矣.[080]

609(實下-65)

圖未就之功, 不如保已成之業;
悔旣往之失, 亦要防將來之非.[081]

610(實下-66)

氣象要高曠, 而不可疏狂;
心思要縝密, 而不可瑣屑;

趣味要冲淡, 而不可偏枯;

操守要嚴明, 而不可激烈.[082]

611(寶下-67)

風來疏竹, 風過而竹不留聲;

雁度寒潭, 雁去而潭不留影.

故君子事來而心始現;

事去而心隨空.[083]

612(寶下-68)

清能有容, 仁能善斷;

明不傷察, 直不過矯.

是謂蜜餞不甛;

海味不鹹;

纔是懿德.[084]

613(實下-69)

　　貧家淨掃地; 貧女淨梳頭.
　　景色雖不艷麗; 氣度自是風雅.
　　士君子,
　　一當窮愁寥落, 奈何輒自廢弛哉?[085]

614(實下-70)

　　閒中不放過, 忙中有受用;
　　靜中不落空, 動中有受用;
　　暗中不欺隱, 明中有受用.[086]

615(實下-71)

　　念頭起處:
　　纔覺向欲路上去, 便挽從理路上來.
　　　　一起便覺, 一覺便轉.
　　此是轉禍爲福, 起死回生的關頭,
　　切莫當面錯過.[087]

616(寶下-72)

天薄我以福, 吾厚吾德以迓之;
天勞我以形, 吾逸吾心以補之;
天阨我以遇, 吾享吾道以通之.
天且奈我何哉![091]

617(寶下-73)

貞士無心邀福, 天卽就無心處牖其衷;
險人著意避禍, 天卽就着著中奪其魄.
可見天之機權最神, 人之智巧何益?[092]

618(寶下-74)

聲妓晚景從良, 一世之烟花無碍;
貞婦白頭失守, 半生之清苦俱非.
語云:「看人只看後半截.」
眞名言也.[093]

619(寶下-75)

平民肯種德施惠, 便是無位的公卿;
仕夫徒貪權市寵, 竟成有爵的乞人.[094]

620(寶下-76)

問祖宗之德澤, 吾身所享者是,
　　　　　當念其積累之難;
問子孫之福祉, 吾身所貽者是,
　　　　　要思其傾覆之易.[095]

621(寶下-77)

君子而詐善, 無異小人之肆惡;
君子而改節, 不及小人之自新.[096]

622(寶下-78)

家人有過:

　　不宜暴揚, 不宜輕棄.

　　此事難言, 借他事隱諷之;

　　今日不悟, 俟來日正警之.

如春風解凍, 如和氣消氷.

纔是家庭的型範.[097]

623(寶下-79)

此心常看得圓滿, 天下自無缺陷之世界;

此心常放得寬平, 天下自無險側之人情.[098]

624(寶下-80)

淡泊之士, 必爲濃艶者所疑;

檢飭之人, 多爲放肆者所忌.

君子處此, 固不可少變其操履;

　　亦不可太露其鋒芒.[099]

625(寶下-81)

居逆境中, 周身皆鍼砭藥石,
　　　砥節礪行而不覺;
處順境內, 滿前盡兵刃戈矛,
　　　銷膏靡骨而不知.[100]

626(寶下-82)

生長富貴叢中的:
　　嗜慾如猛火;
　　權勢似烈焰. 若不帶些淸冷氣味,
其火焰不至焚人, 必將自焚矣.[101]

627(寶下-83)

人心一眞, 便霜可飛,
　　城可隕, 金石可貫.
　　若僞妄之人, 形骸徒具, 眞宰已亡.
對人則面目可憎; 獨居則形影自愧.[102]

628(寶下-84)

文章做到極處, 無有他奇, 只是恰好;
人品做到極處, 無有他異, 只是本然.[103]

629(寶下-85)

以幻迹言, 無論功名富貴,
　　　　即肢體亦屬委形;
以眞境言, 無論父母兄弟,
　　　　即萬物皆吾一體.
　　　　人能看的破, 認的眞,
　　　　纔可任天下之負擔;
　　　　亦可脫世間之韁鎖.[104]

630(寶下-86)

爽口之味, 皆爛腸腐骨之藥, 五分便無殃;
快心之事, 悉敗身散德之媒, 五分便無悔.[105]

631(寶下-87)

不責人小過; 不發人陰私; 不念人舊惡.
三者可以養德; 亦可以遠害.[106]

632(寶下-88)

天地有萬古, 此身不再得;
人生只百年, 此日最易過.
幸生其間者, 不可不知有生之樂;
　　　　亦不可不懷虛生之憂.[108]

633(寶下-89)

老來疾病, 都是壯時招得;
衰後罪孽, 都是盛時作得.
故持盈履滿, 君子尤兢兢焉.[110]

634(寶下-90)

市私恩, 不如扶公議;
結新知, 不如敦舊好;
立榮名, 不如種陰德;
尚奇節, 不如謹庸行.[111]

635(寶下-91)

公平正論不可犯手, 一犯則貽羞萬世;
權門私竇不可著腳, 一著則玷污終身.[112]

636(寶下-92)

曲意而使人喜, 不若直躬而使人忌;
無善而致人譽, 不若無惡而致人毀.[113]

637(寶下-93)

處父兄骨肉之變, 宜從容不宜激烈;
遇朋友交遊之失, 宜剴切不宜優游.[114]

638(寶下-94)

小處不滲漏, 暗處不欺隱, 末路不怠荒.
纔是眞正英雄.[115]

639(寶下-95)

驚奇喜異者, 終無遠大之識;
苦節獨行者, 要有恒久之操.[119]

640(寶下-96)

當怒火欲水, 正騰沸時,
明明知得, 又明明犯着.

知得是誰? 犯着又是誰?

此處能猛然轉念, 邪魔便爲眞君子矣.[120]

641(寶下-97)

　　　母偏信而爲奸所欺;

　　　母自任而爲氣所使.

　　母以己之長而形人之短;

　　母因己之拙而忌人之能.[121]

642(寶下-98)

　　人之短處要曲爲彌縫,

　　　　　如暴而揚之, 是以短攻短;

　　人有頑的要善爲化誨,

　　　　　如忿而嫉之, 是以頑濟頑.[122]

643(寶下-99)

遇沈沈不語之士, 且莫輸心;
見悻悻自好之人, 應須防口.[123]

644(寶下-100)

念頭昏散處, 要知提醒;
念頭喫緊時, 要知放下.
        不然恐去昏昏之病;
        又來憧憧之擾矣.[124]

645(寶下-101)

霽日青天, 倏變爲迅雷震電;
疾風怒雨, 倏轉爲朗月晴空.
        氣機何嘗一毫凝滯;
        太虛何嘗一毫障蔽?
人心之體, 亦當如是.[125]

646(寶下-102)

勝私制欲之功:

　　　　　有曰:「識不早力不易者.」

　　　　　有曰:「識得破忍不過者.」

蓋識是一顆照魔的明珠;

　力是一把斬魔的慧劍. 兩不可少也.[126]

647(寶下-103)

橫逆困窮:

　　　　是鍛煉豪杰的一副爐錘.

　　　　能受其鍛煉者, 則身心交益;

　　　　不受其鍛煉者, 則身心交損.[128]

648(寶下-104)

害人之心不可有, 防人之心不可無.

　此戒疏於慮者.

　　寧受人之欺, 毋逆人之詐.

此警傷於察者.

二語幷存, 精明渾厚矣.[130]

649(寶下-105)

毋因群疑而阻獨見, 毋任己意而廢人言;
毋私小惠而傷大體, 毋借公論而快私情.[131]

650(寶下-106)

善人未能急親, 不宜預揚, 恐來讒譖之奸;
惡人未能輕去, 不宜先發, 恐招媒孽之禍.[132]

651(寶下-107)

青天白日的節義, 自暗室屋漏中培來;
旋乾轉坤的經綸, 從臨深履薄中操出.[133]

652(實下-108)

父慈子孝, 兄友弟恭, 縱做到極處.
俱是合當如此, 着不得一毫感激的念頭.
如施者任德, 受者懷恩,
便是路人, 便成市道矣.[134]

653(實下-109)

炎凉之態, 富貴更甚於貧賤;
妬忌之心, 骨肉尤狠於外人.
此處若不當以冷腸,
御以平氣, 鮮不日坐煩惱障中矣.[136]

654(實下-110)

功過不宜少混, 混則人懷惰隳之心;
恩仇不可太明, 明則人起携貳之志.[137]

655(寶下-111)

惡忌陰, 善忌陽.
故惡之顯者禍淺, 而隱者禍深;
　善之顯者功小, 而隱者功大.[139]

656(寶下-112)

德者才之主, 才者德之奴.
　有才無德, 如家無主而奴用事矣.
　　　幾何不魍魎猖狂?[140]

657(寶下-113)

　鋤奸杜倖, 要放他一條去路.
若使之一無所容, 譬如塞鼠穴者.
一切去路都塞盡, 則一切好物都咬破矣.[141]

658(寶下-114)

士君子貧不能濟物者.

遇人痴迷處, 出一言提醒之;

遇人急難處, 出一言解救之.

亦是無量功德矣.[143]

659(寶下-115)

處己者, 觸事皆成藥石;

尤人者, 動念卽是戈矛.

一以闢衆善之路;

一以濬諸惡之源,

相去霄壤矣.[147]

660(寶下-116)

事業文章, 隨身銷毀, 而精神萬古如新;

功名富貴, 逐世轉移, 而氣節千載一日.

群信不以彼易此也.[148]

661(寶下-117)

魚網之設, 鴻則罹其中;
螳螂之貪, 雀又乘其後.
機裡藏機, 變外生變, 智巧何足恃哉?[149]

662(寶下-118)

作人無一點眞懇的念頭, 便成個花子, 事事皆虛;
涉世無一段圓活的機趣, 便是個木人, 處處有碍.[150]

663(寶下-119)

有一念而犯鬼神之禁;
　一言而傷天地之和;
　一事而釀子孫之禍者,
　最宜切戒![152]

664(寶下-120)

事有急之不白者, 寬之或自明,
　　　　　　　毋躁急以速其忿;
人有切之不從者, 縱之或自化,
　　　　　　　毋操切以益其頑.[153]

665(寶下-121)

節義傲青雲, 文章高白雪, 若不以德性陶熔之,
終爲血氣之私, 技能之末.[154]

666(寶下-122)

謝事, 當謝於正盛之時;
居身, 宜居於獨後之地.
謹德, 須謹於至微之事;
施恩, 務施於不報之人.[155]

667(實下-123)

德者, 事業之基. 未有基不固, 而棟宇堅久者.
心者, 修行之根. 未有根不植, 而枝葉榮茂者.[157]

668(實下-124)

道是一件公衆的物事, 當隨人而接引;
學是一個尋常的家飯, 當隨事而警惕.[159]

669(實下-125)

念頭寬厚的, 如春風煦育, 萬物遭之而生;
念頭忌克的, 如朔雪陰凝, 萬物遭之而死.[161]

670(實下-126)

勤者, 敏於德義, 而世人借勤以濟其貪;
儉者, 淡於貨利, 而世人假儉以飾其吝.

君子持身之符, 反爲小人營私之具矣.
惜哉![164]

671(寶下-127)

人之過誤宜恕, 而在己則不可恕;
己之困辱當忍, 而在人則不可忍.[166]

672(寶下-128)

恩宜自淡而濃, 先濃後淡者, 人忘其惠;
威宜自嚴而寬, 先寬後嚴者, 人怨其酷.[168]

673(寶下-129)

士君子, 處權門要路,
　操履, 要嚴明;
　心氣, 要和易.
　　毋少隨而近腥膻之黨;
　　亦毋過激而犯蜂蠆之毒.[175]

674(寶下-130)

遇欺詐的人, 以誠心感動之;

遇暴戾的人, 以和氣薰蒸之;

遇傾邪私曲的人, 以名義氣節激勵之.

天下無不入我陶熔中矣.[177]

675(寶下-131)

一念慈祥, 可以醞釀兩間和氣;

寸心潔白, 可以昭垂百代清芬.[178]

676(寶下-132)

陰謀怪習, 異行奇能,

俱是涉世的禍胎.

只一個庸德庸行,

便可以完混沌而召和平.[179]

677(寶下-133)

語云:「登山耐險路, 踏雪耐危橋.」
一耐字極有意味.
如傾險之人情, 坎坷之世道,
若不得一耐字, 撐持過去,
幾何不墮入榛莽坑塹哉![180]

678(寶下-134)

誇逞功業, 炫耀文章, 皆是靠外物做人.
不知心體瑩然, 本來不失, 卽無寸功隻字,
亦自有堂堂正正做人處.[181]

679(寶下-135)

不昧己心, 不拂人情, 不竭物力.
三者可以爲天地立心,
爲生民立命, 爲子孫造福.[183]

680(寶下-136)

居官有二語,
　　　　曰:「惟公則生明, 惟廉則生威.」
居家有二語,
　　　　曰:「惟恕則平情, 惟儉則用足.」[184]

681(寶下-137)

處富貴之地, 要知貧賤的痛癢;
當少壯之時, 須念衰老的辛酸.[185]

682(寶下-138)

持身不可太皎潔, 一切污辱垢穢, 要茹納得;
與人不可太分明, 一切善惡賢愚, 要包容得.[186]

683(寶下-139)

休與小人仇讐, 小人自有對頭;
休向君子諂媚, 君子原無私惠.[187]

684(寶下-140)

磨礪當如百煉之金, 急就者非邃養;
施爲宜似千鈞之弩, 輕發者無宏功.[189]

685(寶下-141)

建功立業者, 多虛圓之士;
僨事失機者, 必執拗之人.[195]

686(寶下-142)

儉美德也. 過則爲慳吝, 爲鄙嗇, 反傷雅道;
讓懿行也. 過則爲足恭, 爲曲禮, 多出機心.[199]

687(寶下-143)

母憂拂意. 母喜快心.
母恃久安. 母憚初難.[200]

688(寶下-144)

飲宴之樂多, 不是個好人家;
聲華之習勝, 不是個好士子;
名位之念重, 不是個好臣工.[201]

689(寶下-145)

仁人心地寬舒, 便福厚而慶長,
　　　　　事事成個寬舒氣象;
鄙夫念頭迫促, 便祿薄而澤短,
　　　　　事事得個迫促規模.[205]

690(寶下-146)

用人不宜刻, 刻則思効者去;
交友不宜濫, 濫則貢諛者來.[208]

691(寶下-147)

大人不可不畏, 畏大人則無放逸之心;
小民亦不可畏, 畏小民則無豪橫之名.[212]

692(寶下-148)

事稍拂逆, 便思不如我的人, 則怨尤自消;
心稍怠荒, 便思勝似我的人, 則精神自奮.[213]

693(寶下-149)

不可乘喜而輕諾. 不可因醉而生瞋;
不可乘快而多事. 不可因倦而鮮終.[214]

694(寶下-150)

釣水逸事也, 尚持生殺之柄;
奕棋清戲也, 且動戰爭之心.
　可見喜事不如省事之爲適;
　　多能不若無能之全眞.[224]

695(寶下-151)

聽靜夜之鍾聲, 喚醒夢中之夢;
觀澄潭之月影, 窺見身外之身.[228]

696(寶下-152)

鳥語虫聲, 總是傳心之訣;
花英草色, 無非見道之文.
　　學者要天機淸徹, 胸次玲瓏,
　　觸物皆有會心處.[229]

697(寶下-153)

人解讀有字書, 不解讀無字書;
　知彈有弦琴, 不知彈無弦琴.
　　以迹用, 不以神用, 何以得琴書佳趣?[230]

698(寶下-154)

山河大地, 已屬微塵, 而況塵中之塵!
血肉身軀, 且歸泡影, 而況影外之影!
非上上智, 無了了心.[234]

699(寶下-155)

石火光中, 爭長競短, 幾何光陰?
蝸牛角上, 較雌論雄, 許大世界?[235]

700(寶下-156)

有浮雲富貴之風, 而不必巖棲穴處;
無膏肓泉石之癖, 而常自醉酒耽詩.[239]

701(寶下-157)

競逐聽人, 而不嫌盡醉;
恬淡適己, 而不誇獨醒.
此釋氏所謂:「不爲法纏, 不爲空纏.」
身心兩自在者.[239]

702(寶下-158)

延促由於一念, 寬窄係之寸心.
故機閑者, 一日遙於千古;
意寬者, 斗室廣於兩間.[240]

703(寶下-159)

都來眼前事, 知足者仙境, 不知足者凡境;
總出世上因, 善用者生機, 不善用者殺機.[242]

704(寶下-160)

趨炎附勢之禍, 甚慘亦甚速;
棲恬守逸之味, 最淡亦最長.[243]

705(寶下-161)

色欲火熾, 而一念及病時, 便興似寒灰;
名利飴甘, 而一想到死地, 便味如嚼蠟.
故人常憂死慮病,
亦可消幻業而長道心.[245]

706(寶下-162)

争先的徑路窄, 退後一步, 自寬平一步;
濃艶的滋味短, 清淡一分, 自悠長一分.[246]

707(寶下-163)

隱逸林中無榮辱,
道義路上泯炎凉.[248]

708(寶下-164)

進步處, 便思退步, 庶免觸藩之禍;
着手時, 先圖放手, 纔脫騎虎之危.[250]

709(寶下-165)

貪得者,
　分金恨不得玉, 封侯怨不受公, 權豪自甘乞丐;

知足者,

　藜羹旨於膏粱, 布袍暖於狐貉, 編民不讓王公.[251]

710(寶下-166)

　矜名, 不若逃名趣;
　練事, 何如省事閑?[252]

711(寶下-167)

　孤雲出岫, 去留一無所係;
　朗鏡懸空, 靜躁兩不相干.[254]

712(寶下-168)

　山林是勝地, 一營戀便成市朝;
　書畫是雅事, 一貪痴便成商賈.
　蓋心無染着, 欲境是仙都,
　　心有係牽, 樂境成悲地.[258]

713(實下-169)

當時喧雜, 則平日所記憶者, 皆漫然忘去;
境在清寧, 則夙昔所遺忘者, 又恍爾現前.
　　　　　可見靜躁稍分, 昏明頓異.[259]

714(實下-170)

蘆花被裡, 臥雪眠雲,
　　　　保全得一窩夜氣;
竹葉杯中, 吟風弄月,
　　　　躲離了萬丈紅塵.[260]

715(實下-171)

出世之道, 卽在涉世中,
　　　　不必絕人以逃世;
了心之功, 卽在盡心內,
　　　　不必絕欲以灰心.[262]

716(寶下-172)

此身常放在閑處, 榮辱得失, 誰能差遣我?
此心常安在靜中, 是非利害, 誰能瞞昧我?[263]

717(寶下-173)

我不希榮, 何憂乎利祿之香餌?
我不競進, 何畏乎仕宦之危機?[265]

718(寶下-174)

多藏厚亡, 故知富不如貧之無慮;
高步疾顚, 故知貴不如賤之常安.[274]

719(寶下-175)

世人只緣認得我字太眞.
故多種種嗜好, 種種煩惱.

前人云:「不復知有我, 安知物爲貴?」

又云:「知身不是我, 煩惱更何侵?」

眞破的之言也.[277]

720(寶下-176)

人情世態, 倏忽萬端, 不宜認得太眞.

堯夫云:「昔日所云我, 而今却是伊.

不知今日我, 又屬後來誰?」

人常作是觀, 便可解却胸中罥矣.[279]

721(寶下-177)

有一樂境界, 就有一不樂的相對待;

有一好光景, 就有一不好的相乘除.

只是尋常家飯, 素位風光, 纔是個安樂的窩巢.[281]

722(寶下-178)

知成之必敗, 則求成之心, 不必太堅;
知生之必死, 則保生之道, 不必過勞.[283]

723(寶下-179)

眼看西晋之荊榛, 猶矜白刃;
身屬北邙之狐兔, 尚惜黃金.
語云:「猛獸易伏, 人心難降;
　　　溪壑易塡, 人心難滿.」
信哉![286]

724(寶下-180)

心地上無風濤, 隨在皆青山綠樹;
性天中有化育, 觸處都魚躍鳶飛.[287]

725(寶下-181)

狐眠敗砌, 兎走荒臺, 盡是當年歌舞之地;
露冷黃花, 烟迷衰草, 悉屬舊時爭戰之場.
盛衰何常?
強弱安在?
念此令人心灰.[290]

726(寶下-182)

寵辱不驚, 閑看庭前花開花落;
去留無意, 漫隨天外雲卷雲舒.[291]

727(寶下-183)

晴空朗月, 何天不可翶翔, 而飛蛾獨投夜燭?
清泉綠竹, 何物不可飲啄, 而鴟鴞偏嗜腐鼠?
噫! 世之不爲飛蛾鴟鴞者, 幾何人哉![292]

728(寶下-184)

權貴龍驤, 英雄虎戰, 以冷眼視之,
如蠅聚羶, 如蟻競血;
是非蜂起, 得失蝟興, 以冷情當之,
如冶化金, 如湯消雪.[294]

729(寶下-185)

眞空不空, 執相非眞,
　　　破相亦非眞, 問世尊如何發付?
「在世出世, 徇欲是苦,
　　　絕欲亦是苦, 聽吾儕善自修持.」[300]

730(寶下-186)

烈士讓千乘, 貪夫爭一文,
人品星淵也, 而好名不殊好利;
天子營家國, 乞人號饔餐,
位分霄壤也, 而焦思何異焦聲?[301]

731(寶下-187)

性天澄徹, 卽饑餐渴飮, 無非康濟身心;
心地沉迷, 縱談禪演偈, 總是播弄精魂.[305]

732(寶下-188)

人心有個眞境:
　　非絲非竹, 而自恬愉;
　　不烟不茗, 而自淸芬.
　　須念淨境空, 慮忘形釋,
　　　　　　纔得以游衍其中.[306]

733(寶下-189)

天地中萬物, 人倫中萬情, 世界中萬事,
　以俗眼觀, 紛紛各異;
　以道眼觀, 種種是常.
　何須分別?
　何須取捨?[308]

734(寶下-190)

纏脫只在自心, 心了則屠肆糟糠, 居然淨土.
不然, 縱一琴一鶴, 一花一竹,
　　　嗜好雖清, 魔障終在.
語云:「能休塵境爲眞境, 未了僧家是俗家.」[310]

735(寶下-191)

以我轉物者, 得固不喜,
　　　失亦不憂, 大地盡屬逍遙;
以物役我者, 逆固生憎,
　　　順亦生愛, 一毫便生纏縛.[316]

736(寶下-192)

試思未生之前, 有何象貌?
又思旣死之後, 作何景色?
　則萬念灰冷, 一性寂然.
自可超物外而游象先.[319]

737(寶下-193)

優人傳粉調朱, 效妍醜於毫端,
　　　俄而歌殘場罷, 妍醜何存?
奕者爭先競後, 較雌雄於着手,
　　　俄而局盡子收, 雌雄安在?[321]

738(寶下-194)

把握未定, 宜絶迹塵囂.
使此心不見, 可欲而不亂, 以澄吾靜體;
　操持旣堅, 又當混迹風塵.
　使此心見, 可欲而亦不亂, 以養吾圓機.[326]

739(寶下-195)

喜寂厭喧者, 往往避人以求靜.
不知意在無人, 便成我相;
　心着於靜, 便是動根.

如何到得人我一空,
　動靜兩忘的境界![327]

740(寶下-196)

人生禍區福境, 皆念想造成.
故釋氏云:
　「利欲熾然, 卽是火坑.
　　貪愛沉溺, 便爲苦海;
　　一念清淨, 烈焰成池.
　　一念驚覺, 航登彼岸.」
念頭稍異, 境界頓殊.
可不愼哉![330]

741(寶下-197)

繩鋸木斷, 水滴石穿.
學道者, 須要努力;
水到渠成, 瓜熟蒂落.
得道者, 一任天機.[331]

742(實下-198)

就一身了一身者,

方能以萬物付萬物;

還天下於天下者,

方能出世間於世間.[338]

743(實下-199)

人生原是一傀儡, 只要把柄在手.

一線不亂, 卷舒自由, 行止在我.

一毫不受, 他人捉掇, 便超出此場中矣.[349]

744(實下-200)

爲鼠常留飯, 憐蛾罩紗燈.

古人此點念頭.

是吾人一點生生之機.

無此卽所謂土木形骸而已.[171]

745(寶下-201)

世態有炎凉而我無嗔喜,
世味有濃淡而我無欣厭.
一毫不樂世情,
窠臼便是一在世出世法也.[359]

Ⅲ. 속유편續遺篇

〈周光熙 序文本〉 洪明(著)

이하 주광후 서문본(1947)의 속유편續遺篇은 문장은 전체가 〈명각본明刻本〉(續修四庫全書, 洪自誠)의 내용과 같고, 〈보광사본〉 권하의 201장에 이어 그 나머지 153장의 글이 들어 있다. 다만 순서는 전혀 다르며 일부 구절의 글자도 차이가 있다. 이에 역시 모두 일련번호를 부여하여 참고로 삼되, 같은 장의 일련번호를 말미 [ ]에 넣어 대조하기에 편하도록 하였다.

746(續遺-1)

交友須帶三分俠氣,
作人要存一點素心.[015]

747(續遺-2)

好動者雲電風燈;
嗜寂者死灰槁木. 須定雲止水中,
有鳶飛魚躍氣象, 纔是有道的心體.[022]

748(續遺-3)

居卑而後, 知登高知爲危;
處晦而後, 知向明之太露;
守靜而後, 知好動之過勞;
養默而後, 知多言之爲躁.[032]

749(續遺-4)

放得功名富貴之心下, 便可脫凡;
放得道德仁義之心下, 纔可入聖.[033]

750(續遺-5)

利欲未盡害心, 意見乃害心之蟊賊;
聲色未必障道, 聰明乃障道之藩屏.[034]

751(續遺-6)

吉人無論作用安詳,
　　　即夢寐神魂, 無非和氣;
凶人無論行事狼戾,
　　　即聲音笑貌, 渾是殺機.[048]

752(續遺-7)

施恩者, 內不見已,

外不見人, 則斗粟可當萬鍾之惠;

利物者, 計己之施,

責人之報, 雖百鎰難成一文之功.[053]

753(續遺-8)

人之際遇, 有齊有不齊, 而能使己獨齊乎?

己之情理, 有順有不順, 而能使人皆順乎?

以此相觀對治, 亦是一方便法門.[054]

754(續遺-9)

涉世淺, 點染亦淺;

歷事深, 機械亦深.

故君子與其練達, 不若朴魯;

與其曲謹, 不若疏狂.[002]

755(續遺-10)

勢利紛華, 不近者爲潔.

近之而不染者爲尤潔;

智巧機械, 不知者爲高.

知之而不用者爲尤高.[004]

756(續遺-11)

天地寂然不動, 而氣機無一息少停;

日月晝夜奔馳, 而貞明則萬古不易.

故君子閒時要有喫緊的心思;

忙處要有悠閑的趣味.[008]

757(續遺-12)

欹器以滿覆, 撲滿以空全.

故君子寧居無不居有;

寧處缺不處完.[064]

758(續遺-13)

名根未拔者, 縱輕千乘甘一瓢, 總墮塵情;
客氣未融者, 雖澤四海利萬世, 終爲剩技.[065]

759(續遺-14)

燥性者火熾, 遇物則焚;
寡恩者氷淸, 逢物必殺.
凝滯固執者, 如死水腐木,
　生機已絶, 俱難建功業, 而延福祉.[070]

760(續遺-15)

心不可不虛, 虛則義理來居;
心不可不實, 實則物欲不入.[076]

761(續遺-16)

靜中念慮澄徹, 見心之眞體;
閑中氣象從容, 識心之眞機;
淡中意趣冲夷, 得心之眞味.
　　觀心證道, 無如此三者.[088]

762(續遺-17)

靜中靜非眞靜, 動處靜得來, 纔是性天之眞境;
樂處樂非眞樂, 苦中樂得來, 纔見心體之眞機.[089]

763(續遺-18)

舍己毋處其疑, 處其疑, 卽所舍之志多愧矣;
施人毋責其報, 責其報, 幷所施之心俱非矣.[090]

764(續遺-19)

士君子:
持身不可輕, 輕則物能撓我, 而無悠閑鎮定之趣;
用意不可重, 重則我爲物泥, 而無瀟洒活潑之機.[107]

765(續遺-20)

千金難結一時之歡,
　一飯竟致終身感,
　　蓋愛重反爲仇;
　　薄極翻成喜也.[116]

766(續遺-21)

藏巧於拙, 用晦而明;
寓淸於濁, 以屈爲伸.
　　眞涉世之一壺,
　　藏身之三窟也.[117]

767(續遺-22)

衰颯的景象, 就在盛滿中;
發生的機緘, 卽在零落內.
故君子居安宜操一心以慮患;
　　處變當堅百忍以圖成.[118]

768(續遺-23)

覺人之詐, 不形於言;
受人之侮, 不動於色.
　　此中有無窮意味, 亦有無窮受用.[127]

769(續遺-24)

吾身一小天地也.
　　使喜怒不愆, 好惡有則, 便是燮理的功夫;
天地一大父母也.
　　使民無怨咨, 物無氛疹, 亦是敦睦的氣象.[129]

770(續遺-25)

有妍必有醜爲之對, 我不誇妍, 誰能醜我?
有潔必有汚爲之仇, 我不好潔, 誰能汚我?[135]

771(續遺-26)

當與人同過, 不當與人同功, 同功則相忌.
可與人共患難, 不可與人共安樂, 安樂則相仇.[142]

772(續遺-27)

饑則附, 飽則揚;
燠則趨, 寒則棄, 人情通患也.[144]

773(續遺-28)

君子宜淨拭冷眼,
愼毋輕動剛腸.[144]

774(續遺-29)

水不波則自定, 鑑不翳則自明.
　故心無可清, 去其混之者而清自現;
　　樂不必尋, 去其苦之者而樂自存.[151]

775(續遺-30)

　　交市人, 不如友山翁;
　　謁朱門, 不如親白屋;
　聽街談巷語, 不如聞牧唱樵歌;
談今人失德過差, 不如述古人嘉言懿行.[156]

776(續遺-31)

前人云:「拋却自家無盡藏, 沿門持鉢效貧兒.」
　又云:「暴富貧兒休說夢, 誰家竈裡火無烟?」
一箴自昧所有,
一箴自誇所有,
可爲學問切戒.[158]

777(續遺-32)

信人者, 人未必盡誠, 己則獨誠矣;
疑人者, 人未必皆詐, 己則先詐矣.[160]

778(續遺-33)

爲善不見其益, 如草裡東瓜, 自能暗長;
爲惡不見其損, 如庭前春雪, 當必潛消.[162]

779(續遺-34)

遇故舊之交, 意氣要愈新;
處隱微之地, 心迹宜愈顯;
待衰朽之輩, 恩禮當愈隆.[163]

780(續遺-35)

憑意興作爲者,
　　隨作則隨止, 豈是不退之車輪?

從情識解悟者,
　　有悟則有迷, 終非常明之燈燭.[165]

781(續遺-36)

能脫俗便是奇, 作意尙奇者, 不爲奇而爲異;
不合汚便是淸, 矯情求淸者, 不爲淸而爲激.[167]

782(續遺-37)

心虛則性現, 不息心而求見性, 如撥波覓月;
意淨則心淸, 不了意而求明心, 如索鏡增塵.[169]

783(續遺-38)

我貴而人奉之, 奉此峨冠大帶也;
我賤而人侮之, 侮此布衣草履也.
然則原非奉我, 我胡爲喜?
　　原非侮我, 我胡爲怒?[170]

784(續遺-39)

無事時心易昏昧, 宜寂寂而照以惺惺;
有事時心易奔馳, 宜惺惺而主以寂寂.[173]

785(續遺-40)

議事者, 身在事外, 宜悉利害之情;
任事者, 身居事中, 當絶利害之慮.[174]

786(續遺-41)

心體便是天體:
　　一念之喜, 景星慶雲;
　　一念之怒, 震雷暴雨;
　　一念之慈, 和風甘露;
　　一念之嚴, 烈日秋霜.
何者所感? 只要隨起隨滅;
廓然無碍, 便與太虛同體.[172]

787(續遺-42)

標節義者, 心以節義受謗;
榜道學者, 常因道學招尤.
　　　故君子不近惡事, 亦不立善名.
　　　只要和氣渾然, 纔是居身之寶.[176]

788(續遺-43)

忙裡要偷閑, 須先向閑時討個欛柄;
鬧中要取靜, 須先從靜裡立個根基.
　　　不然, 未有不因境而遷,
　　　　　隨事而靡者.[182]

789(續遺-44)

縱欲之病可醫, 而執理之病難醫;
事物之障可除, 而義理之障難除.[188]

790(續遺-45)

寧爲小人所忌毀, 毋爲小人所媚悅;
寧爲君子所責備, 毋爲君子所包容.[190]

791(續遺-46)

好利者, 軼出於道義之外, 其害顯而淺;
好名者, 竄入於道義之中, 其害隱而深.[191]

792(續遺-47)

受人之恩, 雖深不報, 怨則淺亦報之;
聞人之惡, 雖隱不疑, 善則顯亦疑之.
此刻之極, 薄之尤也.
宜切戒之![192]

793(續遺-48)

讒夫毀士, 如寸雲蔽日, 不久自明;
媚子諛人, 似隙風侵肌, 無疾亦損.[193]

794(續遺-49)

山之高峻處無木, 而溪谷回環, 則草木叢生;
水之湍急處無魚, 而淵潭渟蓄, 則魚鱉聚集.
　　此高絕之行, 褊急之衷, 君子重有戒焉![194]

795(續遺-50)

處世, 不宜與俗同, 亦不宜與俗異;
作事, 不宜令人喜, 亦不可令人憎.[196]

796(續遺-51)

日旣暮而猶烟霞絢爛;
歲將晚而更橙橘芳馨.
　　故末路晚年,
君子更宜精神百倍.[197]

797(續遺-52)

鷹立如睡, 虎行似病, 正是他攫鳥噬人法術.
　故君子要聰明不露, 才華不逞.
纔有任重道遠的力量.[198]

798(續遺-53)

世人以心愜處爲樂, 却被樂心引入苦處;
達士以心拂處爲樂, 終由苦心換得樂來.[202]

799(續遺-54)

居盈滿者, 如水之將溢未溢, 切忌再加一滴;
處危急者, 如木之將折未折, 切忌再加一搦.[203]

800(續遺-55)

冷眼觀人. 冷耳聽語.
冷情當感. 冷心思理.[204]

801(續遺-56)

聞惡不可就惡, 恐爲才夫洩怒;
聞善不可急親, 恐引奸人進身.[206]

802(續遺-57)

性躁心粗者, 一事無成;
心和氣平者, 百福自集.[207]

803(續遺-58)

風斜雨急處, 要立得脚定;
花濃柳艷處, 要着得眼高;
路危徑險處, 要回得頭早.[209]

804(續遺-59)

節義之人, 濟以和衷, 纔不啓忿爭之路;
功名之士, 承以謙德, 方不開嫉妬之門.[210]

805(續遺-60)

士大夫:
居官, 不可竿牘無節, 要使人難見, 以杜幸端.
居鄉, 不可崖岸太高, 要使人易見, 以敦舊好.[211]

806(續遺-61)

善讀書者, 要讀到手舞足蹈處, 方不落筌蹄;
善觀物者, 要觀到心融神洽時, 方不泥迹象.[215]

807(續遺-62)

天賢一人以誨眾人之愚,
　　而世反逞所其畏, 以形人之短;
天富一人以濟眾人之困,
　　而世反挾所其有, 以陵人之貧.
　　　　眞天之戮民哉![216]

808(續遺-63)

至人何思何慮?
愚人不識不知, 可與論學, 亦可與建功.
　唯中材的人:
　　　　多一番思慮智識;
　　　便多一番臆度猜疑, 事事難於下手.[217]

809(續遺-64)

口乃心之門, 守口不密, 泄盡眞機;
意乃心之足, 防意不嚴, 走盡邪蹊.[218]

810(續遺-65)

責人者, 原無過於有過之中, 則情平;
責己者, 求有過於無過之內, 則德進.[219]

811(續遺-66)

赤子者大人之胚胎;
秀才者宰相之基礎.
此時若火力不到, 陶鑄不純.
他日涉世立朝, 終難成個令器.[220]

812(續遺-67)

君子, 處患難而不憂, 當宴游而益加惕厲;
　　遇權豪而不懼, 對惸獨而反若驚心.[221]

813(續遺-68)

桃李雖艷, 何如松蒼栢翠之堅貞?
梨杏雖甘, 何如橘綠橙黃之馨冽?
　　信乎! 濃夭不及淡久,
　　　　早秀不如晚成也![222]

814(續遺-69)

風恬浪靜中, 見人生之眞境;
味淡聲稀處, 識心體之本然.[043]

815(續遺-70)

羨山林之樂者, 未必眞得山林之趣;
厭名利之談者, 未必盡忘名利之情.[223]

816(續遺-71)

鶯花茂而谷艶山濃, 總是乾坤之幻境;
水木落而崖枯水瘦, 纔見天地之眞吾.[225]

817(續遺-72)

歲月本長, 而忙者自促;
天地本寬, 而鄙者自隘;
風花雪月自閑, 而勞攘者自冗.[226]

818(續遺-73)

得趣不在多, 盆池拳石間, 烟霞自足;
會心不在遠, 蓬窗竹屋下, 風月自賒[227]

819(續遺-74)

心無物欲, 便成霽海秋空;
座有琴書, 卽是丹丘石室.[231]

820(續遺-75)

　　賓朋雲集, 劇飲淋漓樂矣.
俄而漏盡燭殘, 香銷茗冷,
不覺反成嘔咽, 令人索然無味.
天下事率類此, 人奈何不早回頭也?[232]

821(續遺-76)

會得個中趣, 五湖之烟月, 盡入寸裡;
破得眼前機, 千古之英雄, 盡歸掌握.[233]

822(續遺-77)

寒燈無焰, 敝裘無溫, 不失本來面目;
心似死灰, 身如枯木, 未免墮落頑空.[236]

823(續遺-78)

人肯當下休, 便當下了.
若要尋個歇處, 則婚嫁雖完, 事亦不少.
僧道雖好, 心亦不了.
前人云:「如令休去便休去, 若覓了時無了時.」
見之卓矣.[237]

824(續遺-79)

從冷視熱人, 然後知熱處之奔馳無益;
從冗入閑境, 然後覺閑中之滋味最長.[238]

825(續遺-80)

損之又損, 栽花種竹, 盡交還烏有先生;
忘無可忘, 煮茗焚香, 總不問白衣童子.[241]

826(續遺-81)

松澗邊, 携杖獨行, 立處雲生破衲;
竹窓下, 枕書高臥, 覺時月浸寒氈.[244]

827(續遺-82)

忙處不亂性, 須閑處心神養得清;
死時不動心, 須生時事物看得破.[247]

828(續遺-83)

熱不必除, 而熱惱須除, 身常在淸凉臺上;
窮不可遣, 而窮愁要遣, 心常居安樂窩中.[249]

829(續遺-84)

嗜寂者, 觀白雲幽石而通玄;
趨榮者, 見妙舞淸歌而忘倦.
唯自得之士:
無喧寂, 無榮枯, 無往非自適之天.[253]

830(續遺-85)

悠長之趣, 不得於醲釅, 而得於啜菽飮水之餘;
惆悵之懷, 不生於枯寂, 而生於品竹調絲之候.
固知濃處味常短, 淡中趣獨眞也.[255]

831(續遺-86)

禪宗曰:「饑來喫飯, 倦來眠.」

詩旨曰:「眼前景致, 口頭語.」

蓋極高寓於極平,

至難出於至易.

有意者反遠,

無心者自近也.[256]

832(續遺-87)

水流而石無聲, 得處喧見寂之趣;

山高而雲不碍, 悟出有入無之機.[257]

833(續遺-88)

袞冕行中, 著一個山人藜杖, 便增一段高風;

漁樵路上, 來一個朝士華衣, 轉添許多俗氣.

固知濃不勝淡, 俗不如雅也.[261]

834(續遺-89)

竹籬下, 忽聞犬吠鷄鳴, 恍似雪中世界;
芸窗中, 偶聽蟬吟燕語, 方知靜裡乾坤.[264]

835(續遺-90)

徜徉於山林泉石之間, 而塵心自息;
夷猶於圖畫詩書之內, 而俗氣潛消.
故君子雖不玩物喪志,
　　　亦常借境調心.[266]

836(續遺-91)

春日氣象繁華, 令人心神駘蕩.
不若秋時雲白烟清, 蘭芳桂馥,
　　　水天一色, 上下空明,
使人神骨俱清也.[267]

837(續遺-92)

一字不識, 而有詩意者, 得詩家眞趣;
一偈不參, 而有禪味者, 悟禪敎玄機.[268]

838(續遺-93)

機動者,
　寢石視爲伏虎, 弓影疑爲長蛇, 此中渾是殺氣;
念息的,
　人手可狎海鷗, 蛙聲可當鼓吹, 觸處俱見眞機.[269]

839(續遺-94)

身如不繫之舟, 一任流行坎止;
心似旣灰之木, 何妨刀割香塗?[270]

840(續遺-95)

人情聽鶯啼則喜, 聞蛙鳴則厭.
　見花則思培之, 遇草則欲去之.
　俱是以形氣用事, 若以性天視之,
何者非自鳴其天籟, 自暢其生意也?[271]

841(續遺-96)

髮禿齒疏, 任幻形之雕謝;
鳥吟花笑, 識本性之眞如.[272]

842(續遺-97)

欲其中者, 波沸寒潭, 山林不見其寂;
虛其中者, 凉生酷暑, 朝市不如其喧.[273]

843(續遺-98)

讀易曉窗, 丹砂研松間之露;
談經午案, 寶磬宣竹下之風.[275]

844(續遺-99)

花居盆內, 終乏生機;
鳥入籠中, 便減天趣.
不若山間花鳥, 交錯成文.
翺翔自若, 無不悠然會心.[276]

845(續遺-100)

自老視少, 可以消奔馳角逐之心;
在瘁視榮, 可以絕靡麗紛華之念.[278]

846(續遺-101)

熱鬧中, 著一冷眼, 便省許多苦心思;
冷落處, 存一熱心, 便得許多眞趣味.[280]

847(續遺-102)

簾櫳高敞,
看青山綠水吞吐雲烟, 識乾坤之自在;
竹樹扶疏,
任乳燕鳴鳩送迎時序, 知物我之兩忘.[282]

848(續遺-103)

古德云:「竹影掃階塵不動,
　　　　月輪穿沼水無痕.」
吾儒云:「水流任急境常靜,
　　　　花落雖頻意自閑.」
人常持此意, 以應事接物, 身心何等自在?[284]

849(續遺-104)

　　林間松韻, 石上泉聲,
　　　　　　靜裡聽來, 識天地自然鳴佩;
　　草際烟光, 水心雲影,
　　　　　　閑中觀出, 見乾坤最妙文章.[285]

850(續遺-105)

　　峨冠大帶之士, 一旦睹輕蓑小笠,
　　　飄飄然逸也, 未必不動其咨嗟;
　　長筵廣席之豪, 一旦見淨几小簾,
　　　悠悠然靜也, 未必不增其綣戀.
　　人奈何驅以火牛,
　　　　　誘以風馬, 而不思自適其性哉![288]

851(續遺-106)

　　魚得水逝, 而相忘乎水;
　　鳥乘風飛, 而不知有風.

識此可以超物累,

可以樂天機.[289]

852(續遺-107)

纔就筏, 便思舍筏, 方是無事道人;
若騎驢, 又復覓驢, 終爲不了禪師.[293]

853(續遺-108)

羈鎖於物欲, 覺吾生之可哀;
夷猶於性眞, 覺吾生之可樂.
知其可哀, 則塵情立破;
知其可樂, 則聖境自臻.[295]

854(續遺-109)

胸中物欲半點都無, 已如雪消爐焰氷消日;
眼裡空明一段自在, 時見月在青天影在波.[296]

855(續遺-110)

詩思在灞陵橋上, 微吟處, 林巒都是精神;
野興在鏡湖曲邊, 獨往時, 山川自相映發.[297]

856(續遺-111)

伏久者飛必高, 開先者謝必早.
　　　　知此, 可以免蹭蹬之憂;
　　　　　　　可以消躁急之念.[298]

857(續遺-112)

樹木至歸根日, 而後知華萼枝葉之易空;
人生至蓋棺時, 而後知子女玉帛之難守.[299]

858(續遺-113)

世味能飽諳, 任敎覆雨翻雲, 總慵開眼;
人情能會盡, 隨你呼牛喚馬, 只是點頭.[302]

859(續遺-114)

今人專求無念, 而終不可無.

只是前念不滯, 後念不迎.

但將現在的隨緣, 打發得去,

自然漸漸入無.[303]

860(續遺-115)

意所偶會, 便成佳境;

物出天然, 纔見眞機.

若加一分調停布置, 趣味便減矣.

白氏云:「意隨無事適, 風逐自然清.」

有味哉! 其言之也.[304]

861(續遺-116)

金自鑛出, 玉從石生, 非粗無以求精;

道得酒中, 仙遇花裡, 雖雅不能免俗.[307]

862(續遺-117)

神酣, 布被窩中, 得天地冲和之氣;
味足, 藜羹飯後, 識人生澹泊之眞.[309]

863(續遺-118)

斗室中, 萬慮都捐, 說甚畫棟飛雲, 珠簾卷雨?
三杯後, 一眞自得, 唯有素琴橫月, 短笛吟風.[311]

864(續遺-119)

萬籟寂寥中, 忽聞一鳥弄聲, 便喚起許多幽趣;
萬卉摧剝後, 忽見一枝擢秀, 便觸動無限生機.
可見性天本無沉冥, 機神最宜觸發.[312]

865(續遺-120)

白氏云：「不如放身心, 冥然任天造.」
晁氏云：「不如收身心, 凝然歸寂定.」
　　放者, 流爲猖狂;
　　收者, 入於枯寂.
　　　　唯善操身心者, 欛柄在手, 收放自如.[313]

866(續遺-121)

當雪夜月天, 心境便爾澄徹;
遇春風和氣, 意界亦自冲融.
　　造化人心, 渾合無間.[314]

867(續遺-122)

文以拙進, 道以拙成, 一拙字有無限意味.
如桃源犬吠, 桑樹鷄鳴, 何等淳龐氣象?
至於寒潭之月, 古木之鴉,
　　　　　工巧中便覺有衰颯情形矣.[315]

868(續遺-123)

理寂則事寂, 遣事執理者, 似去影留形;
心空則境空, 去境存心者, 如聚羶却蚋.[317]

869(續遺-124)

幽人韻事總在自適其情:
故酒以不勸爲歡. 棋以不爭爲勝,
笛以無腔爲適, 琴以無弦爲高.
會以不期約爲眞率, 客以不迎送爲坦夷.
若一泥迹牽文, 便落塵緣苦海矣.[318]

870(續遺-125)

遇病而後思健之爲安;
處亂而後思平之爲福. 非早智也.
幸福而知其爲禍之本;
貪生而知其爲死之因, 其卓見乎![320]

871(續遺-126)

風花之瀟洒, 雪月之空淸, 唯靜者爲之主;
水木之榮枯, 竹石之消長, 獨閑者識其眞.[322]

872(續遺-127)

田父野叟, 語以黃鷄白酒, 則欣然喜;
問以鼎養, 則不知.
語以縕袍短褐, 則油然樂;
問以袞服, 則不識.
其天全, 故其欲淡.
此是人生第一個境界.[323]

873(續遺-128)

心無其心, 何有於觀?
釋氏曰「觀心」者, 重增其障.
物本一物, 何待於齊?
莊生曰「齊物」者, 自剖其同.[324]

874(續遺-129)

　　笙歌正沸時, 便自拂然長往, 見達人撒手懸崖;
　　更漏已殘時, 猶然夜行不休, 笑俗士沉身苦海.[325]

875(續遺-130)

　　山居胸次清洒, 觸物皆有佳思.
　　　見野鶴孤雲, 而起超絶之想;
　　　遇清泉白石, 而動澡雪之思.
　　　撫老檜寒梅, 而勁節與之挺立;
　　　侶沙鷗野鹿, 而機心與之頓忘.
　　　若一入塵寰, 無論物不相關,
　　　　　　　　即此身亦屬瘤贅矣.[328]

876(續遺-131)

　　興逐時來, 芳草地携杖閑行, 野鳥忘機時作伴;
　　景與心會, 落花下披襟兀坐, 白雲無語漫相留.[329]

877(續遺-132)

機息時, 便有月到風來, 不必苦海人世;
心遠處, 自無車塵馬足, 何須痼疾丘山?[332]

878(續遺-133)

草木纔零落, 便露萌蘗於根苗;
時序雖凝寒, 終回陽氣於灰管.
　肅殺之氣, 生意存焉,
　　　　卽是可以見天地之心.[333]

879(續遺-134)

雨餘觀山色, 景象便覺新妍;
夜靜聽鍾聲, 音響尤爲清越.[334]
登高使人心曠, 臨流使人意遠.
讀書於雨雪之夜, 使人神清;
舒嘯於丘阜之巓, 使人興邁.[335]

880(續遺-135)

心曠, 則萬鍾如瓦缶;
心隘, 則一髮似車輪.[336]

881(續遺-136)

無風月花柳, 不成造化;
無情欲嗜好, 不成心體.
只以我轉物, 不以物役我,
則嗜欲莫非天機, 塵情卽是理境矣.[337]

882(續遺-137)

人生在世:
太閑, 則雜念橫生;
太忙, 則眞性不現.
故士君子不可不抱身心之憂;
亦不可不耽風月之趣.[339]

883(續遺-138)

人心多從動處失眞.
若一念不生, 澄然靜坐,
雲興而悠然共逝; 雨滴而冷然俱淸;
鳥啼而欣然有思; 花落而蕭然自得.
何地非眞境?
何物無眞機?[340]

884(續遺-139)

子生而母危, 錢積而盜窺, 何喜非憂也?
貧可以節用, 病可以保身, 何憂非喜也?
　　故達人當順逆一視, 而欣戚兩忘.[341]

885(續遺-140)

耳根似風谷傳聲, 過而不留, 則是非俱謝;
心境如月池浸色, 空而不著, 則物我兩忘.[342]

886(續遺-141)

世人爲榮利糾纏, 動曰塵世苦海.
　不知雲白山靑, 川行石立,
　　　花迎鳥笑, 漁唱樵歌.
　　　世亦不塵, 海亦不苦,
彼自塵苦其心爾.[343]

887(續遺-142)

　　花看半開, 酒飮微醉.
　此中大有佳趣.
　若至爛漫酕醄, 便成惡境矣.
履盈滿者宜思之.[344]

888(續遺-143)

　山肴不受世人灌漑;
　野禽不受世人間豢養, 其味皆香而且冽.
　吾人能不爲世法所點染, 其臭味不逈然別乎?[345]

889(續遺-144)

栽花種竹, 玩鶴觀魚, 亦要有段自得處.
若徒留連光景,
玩弄物華, 亦吾儒之口耳,
釋氏之頑空而已, 有何佳趣?[346]

890(續遺-145)

山林之士, 清苦而逸趣自饒;
農野之夫, 鄙畧而天眞渾具.
若一失身市井, 儕伍屠儈,
不若轉死溝壑, 神骨猶清.[347]

891(續遺-146)

非分之福, 無故之獲,
非造物之釣餌, 卽人世之機阱.
此處着眼不高, 鮮不墮彼術中矣.[348]

892(續遺-147)

　　　一事起則一害生, 故天下常以無事爲福.
讀前人詩云:
　　　「勸君莫話封侯事, 一將功成萬骨枯.」
又云:「天下常令萬事平, 匣中不惜千年死.」
　　　雖有雄心猛氣, 不覺化爲氷霰矣.[350]

893(續遺-148)

淫奔之婦, 矯而爲尼;
熱中之人, 激而入道.
淸淨之門, 常爲淫邪淵藪也如此.[351]
　　　吁, 可嘆已!

894(續遺-149)

波浪兼天, 舟中不知懼, 而舟外者寒心;
猖狂罵座, 席上不知警, 而席外者咋舌.
　　　故君子身雖在事中, 心要超事外也.[352]

895(續遺-150)

人生減省一分, 便超脫一分.
如交游減, 便免紛擾;
言語減, 便寡愆尤.
思慮減, 則精神不耗;
聰明減, 則混沌可完.
彼不求日減, 而求日增者, 眞桎梏此生哉![353]

896(續遺-151)

天運之寒暑易避, 人世之炎凉難除;
人世之炎凉易除, 吾心之冰炭難去.
去得此中之冰炭, 則滿腔皆和氣,
自隨地有春風矣.[354]

897(續遺-152)

茶不求精而壺亦不燥,
酒不求洌而樽亦不空.

素琴無弦而常調,

　短笛無腔而自適,

縱難希遇羲皇之世,

亦可匹儔嵇阮之倫.[355]

898(續遺-153)

釋氏之隨緣, 吾儒之素位.

　　　四字是渡海的浮囊.

蓋世路茫茫:

　一念求全, 則萬緒紛起;

惟隨寓而安, 斯無入而不自得矣.[356]

부록

1. 《菜根譚》題詞(續修四庫全書 明刻本) ┈┈┈┈┈┈┈┈ 于孔兼

逐客孤踪, 屏居蓬舍, 樂與方以內人遊; 不樂與方以外人遊也. 妄與千古
聖賢置辯於五經同異之間, 不妄與二三小子浪跡于雲山變幻之麓也. 日與
漁父田夫, 朗吟唱和於五湖之濱·綠野之坳. 不曰與競刀錐·榮升斗者, 交臂
抒情於冷熱之場·腥羶之窟也. 間有習濂洛之說者牧之; 習竺乾之業者
闢之. 然譚天雕龍之辯者遠之. 此足以畢予山中伎倆矣. 適有友人洪自
誠者, 持菜根譚示予且丐予序, 予始訑訑然視之. 自旣而徹几上陳編·屏腦
中雜慮, 手讀之則覺. 其譚性命直入玄微, 道人情, 曲盡岩險, 俯仰天地,
見胸次之夷猶, 塵芥功名, 知識趣之高遠. 筆底陶鑄, 兼非綠樹靑山, 口吻
化工, 盡是鳶飛魚躍. 此其自得何如? 固未敢深信而據所擒, 詞悉砭世,
醒人之喫緊, 非人自出口之浮華也. 譚以菜根名, 固自淸苦歷練中, 來亦自
栽培灌漑裡得, 其顚頓風波, 備嘗險阻, 可想矣. 洪子曰:「天勞我以形,
吾逸吾心以補之; 天阨我以遇, 吾亨吾道以通之.」其所自警自力者, 又可
想矣. 用是以數語弁之, 俾公諸人人, 知菜根中有眞味也.

三峰主人 于孔兼題.

2. 《菜根譚》識語 ·· 遂初堂主人

　余過古刹於殘經敗紙中, 拾得菜根譚一錄. 繙視之, 雖屬禪宗, 然於身心性命之學, 實有隱隱相發明者. 亟携歸, 重加校讐繕寫成帙. 舊有序文, 不雅馴, 且於是書無關涉語, 故芟之. 著是書者, 爲洪應明究不知其爲何許人也.
　乾隆五十九年(1794)二月二日, 遂初堂主人識.

3. 重刻《菜根譚》原序 ·························· 三山 通理達天

戊子之秋七月旣望, 余以抱病在山, 禁足閱藏. 適岫雲監院琼公由京來顧, 出所刻《菜根譚》書命予爲序, 且自言其略曰:「來琳初受近圓, 卽詣西方 講席, 聽敎於不翁老人. 參請之暇, 老人私誡曰:'大德聰明過人, 應久在 律席, 調伏身心, 遵五夏之制, 熟三聚之文, 爲菩提之本, 作定慧之基, 何急急以聽敎爲哉?'居未幾, 不善用心, 失血莫醫. 自知法緣微薄, 辭翁 還岫雲. 翁曰:'善, 察爾因緣, 在彼當有大振作, 但恐心爲事役, 不暇硏究 律部. 吾有一書, 首題《菜根譚》, 系洪應明著. 其間有持身語, 有涉世語, 有隱逸語, 有顯達語, 有遷善語, 有介節語, 有仁語, 有義語, 有禪語, 有趣語, 有學道語, 有見道語, 詞約意明, 文簡理詣, 設能熟習沉玩而勵行之, 其於 語黙動靜之間, 窮通得失之際, 可以補過, 可以進德, 且近於律, 亦近於 道矣. 今授於爾, 應知珍重.'時雖敬諾拜受, 究竟不喩其爲藥石意也. 厥後 歷理常往事務, 俱忝要職, 當空華之在前, 不識元由眼裡之翳, 認水月以 爲眞, 豈知惟是天垂之影? 由是心被境遷, 神爲力耗, 不覺釀成大病, 幸來及於盡耳. 旣微瘥間, 無以解鬱, 因追憶往事, 三復此書. 乃悟從前事 事皆非, 深有負於老人授書時之意焉. 惜是書行世已久, 紙朽蟲蛀, 原板 無從稽得, 於是命工繕寫, 重爲刊刻. 請弁言於首, 啓迪天下後世, 俾見 聞讀誦者身體力行, 勿使如來琳老方知悔, 徒自慚傷, 是所望也.」
余聞琼公之說, 撫卷嘆曰:「夫洪應明者, 不知何許人. 其首命題, 又不 知何所取義, 將安序哉?」竊擬之曰:「菜之爲物, 日用所不可少, 以其有 味也. 但味由根發, 故凡種菜者, 必要厚培其根, 其味乃厚. 是此書所 說世味乃出世味, 皆爲培根之論, 可弗重歟?」又古人云:「性定菜根香.」

夫菜根, 棄物也, 如此書, 人多忽之. 而菜根之香, 非性定者莫喩, 如此書, 唯靜心沉玩者, 乃能得旨. 是與否與? 旣不能反質於原人, 聊將以俟敎於來哲. 卽此爲序. 時乾隆三十三年(1768) 中元節後三日.

三山通理達天謹識

4.《菜根譚》傅連暲序 ·· 傅連暲

嗟夫! 今日世界唯一之流行病, 則爭權奪利而已. 推原病之所由起, 公德之敗壞由於私德之廢弛, 人心之囂張由於道心之汨沒, 坐使權利之病深入膏肓而不自知. 始而病己, 繼且病人, 終病國矣.

予醫生也, 供職於汀州亞盛頓醫院. 蒿目世變, 每嘆治有形之病易, 治無形之病難, 恨未能起權利之徒一一而針砭之. 舉國若狂, 隱憂何極! 邇者華生兪君歸自粵, 示以《菜根譚》一書. 展而讀之, 所謂修省, 應酬, 評議, 閑適諸篇, 立言平淡, 說理精深, 皆權利之徒之藥石也. 携歸, 與及門諸子悉心而研究之, 而同人見道快覩爭先, 苦難應付. 擬再付梓, 又以貧病相連, 苦難籌資, 繼而思之, 予病何足恤? 倘將養病之費, 藉爲播道之助, 重付手民間印三百部, 分贈各藏書樓, 圖書館, 俾讀斯篇者各祛其醉心權利之病至于病己病人而病國, 則此書裨益於世局者大, 如予區區個人之病不病奚容心哉! 是爲序.

中華民國 十一年(1922년) 八月十五日 汀州 傅連暲 撰.

5.《還初道人著書二種》序 ························· 涉園

　　曩見日本復刻明洪應明菜根譚一帙，爲我邦著錄家所未見．甲子歲鳳
禹門將軍藏書大出，得舊抄本，前有逐初堂主人識語，朱欄恭楷，類內府
寫本．己巳仲春，檢查故宮圖書，在景陽宮見一滿漢文巾箱本，未著付梓
年月．同時在廠肆得明刻仙佛奇蹤八卷，亦應明所撰，與四庫存錄卷目小異．
逐初主人謂菜根譚："雖屬仙宗，然於身心性命之學，實有隱隱相發明者."
今與仙佛奇蹤比而觀之，一則世間法，二則出世法也．爰合印之，名曰逐
初道人著書二種，以廣流傳云．
　　庚午日長関涉園識．

6.《菜根譚敍》 劉名譽

光緒元年刊本(新文豐出版社 影印本에 실려있음)

菜羹布衲, 足居貧勘落, 浮華不染塵, 此先中議公泳懷之作. 余小子書
諸紳, 誌諸簡. 用是治家服官. 時以黜華崇, 實爲務. 罔敢失墜, 貽前人羞.
故鄙人服食趨居, 見之者, 詑其敝陋而不知拳拳之意已. 十數載如一日矣.
歲丁酉來守秣陵有僧讓之持洪先生菜根譚來謁, 久之復以附刻先公詩爲請,
兼乞余弁言卷端, 余默識於心. 旁午於簿書, 未果也. 今敬敍之曰: "嗚呼!
季世浮薄人, 欲汎濫其百什阡倍於飲食者, 何限盖德之不脩, 學之不講者,
久矣? 其始基於不請心寡欲而極其弊. 乃至嗜慾攻取不可究詰. 大則誤國
殃民, 細則淪風敗俗, 需是之由洪先生鑑之, 故有菜根譚之刻. 夫菜根味之
至薄者也. 境之至苦者也. 人能甘之則澹泊可以歸志矣. 路水可以礪節矣.
膏粱文繡不足動其心; 窮苦困厄不足喪其守矣. 居山設敎必自不求安飽.
始大禹圖治必自惡衣蔬食招昔人. 所謂'嚼得菜根, 萬事可爲.' 又云'性定
菜根□', 又云'百姓不可一日有此色, 士夫不可一日無此味.' 先公服官卄餘年,
退居林下課讀, 食貧翛然, 自樂比物此志也. 夫若名譽者, 佩服先賢, 父師
之訓而力不足, 以副之寧不自愧, 讓之一介野僧, 顧知洪先生書之善而珍之;
又知先公詩之善而傳之. 詎非大善, 知識比哉! 余旣嘉讓之之意之美且善.
書與詩之互證參觀, 可以流傳於廣永也. 乃敍而付諸讓之."

光緒一十有五年(1889) 歲在己亥春正月人日.

誥授中憲貸付 賜進士出身前翰林院編修候補 道江蘇江寧府知府 桂林
劉名譽謹譔幷書.

7.《重刊菜根譚叙》 ·· 儲金棟

(新文豐出版社 影印本에 실려있음)

　善書之繁賾, 同於聖經賢傳, 而人若不之見者, 端由溺於物欲, 而不
知其切於身心也. 悲夫! 善書之要, 不外作德心逸, 作僞心勞, 與聖經
賢傳, 竝行不悖焉. 余不敏, 未能探經傳之奧, 每得善書, 必翫索焉.
曩見節錄菜根譚一冊, 奉爲枕秘, 輒以未獲全本爲憾. 丙子春, 居士
楊淨一, 設蔬笋之淸齋, 訂芝蘭之雅契, 語傳茶譜, 理悟蓮因, 時觀
如辯才, 閉關於藏經禪院之西偏, 淨一偕余往見, 頗有遺世獨立之槪.
座中有三長老, 一淸梵, 一月航, 一爲觀如上人之師妙湛. 淸譚片晌,
塵慮俱空, 觀如出全編, 授張博學翰臣, 囑寄同志, 冀廣流傳. 余歆
然索之, 亦授一卷. 先是汪布泉居士, 久藏此卷, 未付剞劂, 觀如上人
見之, 卽爲倡首, 淨一繼之, 兼得多助. 遂蔵其事. 昔眞西山論菜云:
"百姓不可一日有此色, 士大夫不可一日不知此味." 羅景倫曰: "百姓之有
此色, 正緣士大夫不知此味. 若自一命以至於公卿, 皆得咬菜根之人,
則當必知其職分矣. 百姓何愁無飯喫?" 余三復二公語, 並繹原序, 洵覺
意味深長, 隱合是書命名之旨, 而善與人同之意. 先後一轍, 均屬法
門開士, 亦良足異也. 惟願閱是編者, 按其節目, 味其旨趣, 身體而力
行之, 不將躋斯民於仁宇哉! 是爲序.
　光緒二年(1876)杏月中澣海陵萍寄生儲金棟識於邗上之淸泰室.

8. 《菜根譚講話》序 ·································· 福田雅太郎

中國宋代儒者任(按: 應爲汪)信民說: "人能咬得菜根, 則百事可做." 明代的洪自誠就是根據這句話來爲菜根譚取名的. 書中闡述了精神修養與處世要訣. 遺憾的是關於洪自誠的經歷, 後世未能保留與流傳.

通過菜根譚, 我們可以得知作者非常精通儒, 佛, 道三敎, 他的闡述, 每句話, 每個字, 均能充分發揮三敎的精華. 可謂千錘百煉, 斑斕絢麗. 此書確可算得是修養身心書中之冠了. 特別是由近代名僧宗演法師對此書進行通俗, 詳細的解說之後, 其價値更是無可比擬.

在近代思想浮華輕佻成風之際, 充分領會超脫生死之境界的妙處, 可算是人生中的最大快事. 以此爲序.

福田雅太郎識.

9. 《小學》(外篇) 善行篇 ·····················朱熹

汪信民嘗言: 「人常咬得菜根, 則百事可做.」 胡康侯聞之, 擊節嘆賞.

集說: 陳氏曰: 信民, 名革, 臨川人. 康侯, 文定公字也. 人能甘淡泊, 而不以外物動心, 則可以有爲矣. 擊節, 一說, 擊手指節; 一說, 擊器物 爲節, 皆通. 嘆, 嗟嘆賞, 稱賞. 朱子曰: 「學者, 須常以志士不忘在溝壑 爲念, 則道義重而計較死生之心輕矣. 況衣食外物, 至微末事, 不得未必 便死, 亦何用義犯犯分投心投志, 營營以求之耶! 某觀今人, 因不能咬菜根, 而至於違其心者, 衆矣. 可不戒哉!

汪信民嘗言:「人常咬得菜根, 則百事可做.」

11. 卍海(韓龍雲)本〈叙言〉 ················· 石顚山人

捲環土之秀石喬松, 置一曠野, 而要使人人, 往而觀之. 宜其厭多而莫不成譁. 攬滿天之風露雪月, 延一浩劫, 而要使人人, 往而居之. 宜其苦寒而莫不欲遁. 至若離離豐草, 漫漫雜樹, 當其鬱然綠蓐, 俄然黃落之際, 忽觀他秀石也, 喬松也, 則其巉刻之勢, 蒼玄之色, 得無起警齋嘆者乎!

于若焰焰焦山, 洶洶苦海, 當其環而岌崒望而蕩潏之外, 回想他風露也, 雪月也, 則其蒼凉之氣, 瑩晶之光得無淸懷冷襟者乎!

一日萬海上人, 遊心禪海之暇, 選夫還初公所著菜根譚, 而講義之, 編錄之, 示余於午夢初回之精藍. 節届天中也. 榴花吐紅, 熱輪輾空, 雖端居龜山嵐綠之中, 猶有汗浹之熱思, 況復此山以外, 多焦山苦海也? 想見病畦觸瘴之去去來來者, 自不爲吾佛如來憐憫勞生, 幾希已. 乃者開北窓而爽然披讀, 則其初如入山陰之蹊逕, 而谷風凄雨, 四面圍人, 佛遑其應接來者也. 已然過半, 如登閶風而向蓬萊, 其矗矗香臺, 巍巍銀闕, 殆可望而不可卽也. 終焉而掩卷四顧, 則泠然淸風, 覺生于寥一之天, 又不知固將自化已.

復欲使大界之穰穰趨熱, 熙熙蹈湯者, 可能回車于水綠山靑之間, 對月而一讀, 臨風而一讀, 撫松而一讀, 拂石而一讀. 固知向往列鼎羅珍之意念, 釋然消極, 更覷夫忘肉味虛根, 其在斯與! 其在斯與!

乙未之榴月上浣. 石顚山人謹叙.

12. 卍海(韓龍雲)本 〈序〉 .... 卍海

人者人也, 非物也. 人而役於物者, 物之駢指也. 非人也. 指之駢者人
孰不知其爲病, 而慽然不樂也. 幷此有指之身, 與知其駢之爲病而慽然
不樂之精神, 合爲一指, 駢於物, 而不知悲, 則又安有是理. 且爲物之駢指
之人, 則歷史上不視以人格, 夫旣自知其悲, 又歷史上不許爲人格, 則使
人之爲指而駢於物者. 絶跡於天下萬世, 而其誰曰不可. 奈之何非徒爲指,
而惟恐其駢之在後者, 滔滔皆是. 若能以物役我者, 已如鳳毛麟角, 是亦
可爲不可思議之事也. 夫爲非分之威權, 而萬折一腰於頤使目指之下, 而無
恥者有之矣. 是役於威權, 而爲駢指也. 爲不義之福利, 而百放雙踵於一嚬
一笑之間, 而自安者有之矣. 是役於福利, 而爲駢指也. 人各有情欲, 將不
勝其情欲, 則人且爲役, 而駢不足怪也. 然則觀於人世百千萬億之衣冠笑
語者, 儼然人也. 其精神, 則已屢駢不一駢者, 幾如春城落花, 急潮殘石,
數不勝數, 禁不可禁, 是則拘於情欲, 而自爲物役者, 或反是者, 以萬物
爲芻狗, 視身命如烟雲, 以放浪爲大道, 以疎狂爲至德, 往而不返, 散而
不收者有之矣. 是則過於流蕩者, 亦烏足以知人道也? 若是乎, 人間世之上,
除物之駢指者與過於流蕩者, 殆乎寥寥, 人世乎人世乎. 固若是也. 入世
間而出世間, 出世間而入世間, 大聖已言之矣. 立於紅塵萬丈之中, 而已
有白雲流水之趣, 處於蕭瑟寂寞之濱, 而早懷廣濟天下之志, 在於困苦
慘澹之境, 而一任鳶飛魚躍之機, 居於威福隆盛之時, 而能持臨深履薄
之戒. 放而不流, 收而不着, 俯仰天地, 胸襟夷猶, 隨地有自由世界, 何日
非得意時節? 若是者, 無過曰修養精神而已. 近世倡精神修養之說者,
踵相接也, 實有深意, 試問朝鮮精神界之修養, 果何如? 能免物之駢指否?

能免過於流蕩否? 隨地有何世界耶? 日日爲何時節耶? 且修養精神之道,
又何如耶? 回首空山, 雲樹茫茫, 乃講義菜根譚. 嗚乎, 一翳在眼, 空華
亂墜. 朝鮮之精神界, 修養竟.

　乙卯　六月二十日　講義者識.

一. 此 原書는 明의 萬曆 中人 洪應明(字는 自誠, 號는 還初道人)의 著作이라. 卽 淸言의 一이니 精神修養을 中心으로 ᄒ고 儒, 佛, 道의 精英을 採取ᄒ야 合成ᄒ 者라.

一. 此書의 名 卽 〈菜根譚〉의 解說은 或 後人의 異說이 有ᄒ나 洪自誠과 同時의 人 于乳兼(于孔兼의 오기)이 洪氏의 委托을 受ᄒ야 著ᄒ 「菜根譚詞題」中에 云ᄒ되 「譚以菜根名, 固自淸苦 歷練中來, 亦自栽培灌漑裡得, 其顚頓風波, 備嘗險阻, 可想」이라 ᄒ니 是로 由ᄒ야 觀ᄒ면 洪氏가 自己 著書 當時의 境遇를 意味ᄒ야 此書名에 寓意ᄒᄆᆯ 知ᄒ리로다.

一. 此原書는 後人의 隨意刊行을 因ᄒ야 廣略의 異本이 由ᄒᆫ대 今此原書는 淸 乾隆間의 僧 來琳의 重刊ᄒ 支那廣本을 主하고, 日本 現行의 略本을 綜合精選ᄒ야 編輯ᄒ되 各本에 互出不同ᄒ 字句는 ――이 註示흠.

一. 此書의 講義는 簡易를 主하야 潤色이 無ᄒ니 毒刺는 其文詞의 乾燥無味ᄒᄆᆯ 亮ᄒ오.

임동석(茁浦 林東錫)

慶北 榮州 上茁에서 출생. 忠北 丹陽 德尙골에서 성장. 丹陽初中 졸업. 京東高 서울
敎大 國際大 建國大 대학원 졸업. 雨田 辛鎬烈 선생에게 漢學 배움. 臺灣 國立臺灣師範
大學 國文硏究所(大學院) 博士班 졸업. 中華民國 國家文學博士(1983). 建國大學校
敎授. 文科大學長 역임. 成均館大 延世大 高麗大 外國語大 서울대 등 大學院 강의.
韓國中國言語學會 中國語文學硏究會 韓國中語中文學會 會長 역임. 저서에《朝鮮
譯學考》(中文)《中國學術槪論》《中韓對比語文論》. 편역서에《수레를 밀기 위해 내린
사람들》《栗谷先生詩文選》. 역서에《漢語音韻學講義》《廣開土王碑硏究》《東北
民族源流》《龍鳳文化源流》《論語心得》〈漢語雙聲疊韻硏究〉등 학술 논문 50여 편.

임동석중국사상100

채근담 菜根譚

洪自誠 撰 / 林東錫 譯註
1판 1쇄 발행/2010년 11월 11일
2쇄 발행/2013년 11월 11일
발행인 고정일
발행처 동서문화사
창업 1956. 12. 12. 등록 16-3799
서울강남구신사동563-10 ☎546-0331~6 (FAX)545-0331
www.dongsuhbook.com
잘못 만들어진 책은 바꾸어 드립니다.

✻

✻

사업자등록번호 211-87-75330
ISBN 978-89-497-0634-4 04080
ISBN 978-89-497-0542-2 (세트)